Jürgen Walter

Sophie Dorothea
Kurprinzessin von Hannover

Jürgen Walter

Sophie Dorothea Kurprinzessin von Hannover

Ein höfischer Skandal

Biografie

Stieglitz Verlag
D-75415 Mühlacker
A-8952 Irdning/Steiermark

Gestaltung des Umschlags:
Karl Elser Druck GmbH, Mühlacker

Titelbild: Kurprinzessin Sophie Dorothea mit ihren Kindern, Bomann Museum Celle

Bibliografische Information der
Deutschen Bibliothek

Die Deutsche Bibliothek verzeichnet diese Publikation in der Deutschen Nationalbibliografie; detaillierte bibliografische Daten sind im Internet über http://dnb.ddb.de abrufbar.

ISBN 3-7987-0384-1

Druck: Karl Elser Druck GmbH, Mühlacker

INHALT

Sommerferien ... Fahrt durch die Lüneburger Heide. Fachwerkhäuser mit rotem Backstein, viel dunkles Grün unter weitem Himmel, lange, gerade Straßen, ein gelbes Ortsschild: Ahlden. Blick auf die Autokarte, ein schwarzer Punkt mit Fähnchen drauf, ein Schloss. Am Ende des Dorfes, hinter der Kirche, vor der Brücke über die alte Leine, hohe Bäume, ein größerer Gebäudekomplex – das wird es sein: anhalten, aussteigen.

Der Spätsommertag regnerisch, norddeutsch-grau, der Wind unangenehm und kühl. Ein eher anspruchsloses Gebäude, dieses Schloss, das Untergeschoss ein massiver Ziegelbau, darüber Fachwerk, eine Brücke davor, dann ein Tor, das offen steht und in einen Innenhof führt. Über dem Tor ein Wappen aus Sandstein: Herzog Christian von Celle, Bischof von Minden und die Jahreszahl 1613. Auf der Supraporte zwei allegorische Figuren: Pietas und die blinde Justitia. Der Innenhof etwas düster, obwohl nach hinten, zum Fluss hin, offen. Schön geschnitztes Gebälk. Die Gebäude rechts und links sind verschlossen.

Das Ganze wird genutzt, so kündet ein Reklameschild, von einem Antiquitätenhändler; in mehrmonatigen Abständen finden Auktionen statt. Einige Fotos von schweren Barockmöbeln und bunten Fayencekrügen, die offenbar zu ersteigern sind. Mehr ist nicht zu sehen. Noch zwei andere Touristen, wohl Holländer. Man fröstelt, geht zurück über die Brücke, über die Straße, rüttelt an der Kirchentür, die verschlossen ist. Gegenüber ein Café: auch zu. Hier hätte man draußen sitzen können, aber da stehen nur ein paar zusammengeschobene Stühle, noch nass vom letzten Regen.

Am nächsten Tag: Celle. Neuer Programmpunkt der Ferienreise: das Heimatmuseum. Grabfunde aus der Bronzezeit, nicht uninteressant, doch vieles hat man schon so oder ähnlich irgendwo gesehen. Das Wetter draußen immer noch regnerisch-kühl. Dann, schon im Hinausgehen, fällt der Blick auf ein großes Ölbild: die Gestalt einer jungen Frau, strahlend hell vor dunklem Hintergrund, fast lebensgroß, neben ihr zwei Kinder. Nichts Norddeutsches, eher eine südliche Malerei und Schönheit: hohe Stirn, dunkle Augen, braunes, gelocktes Haar, ein tief ausgeschnittenes, prachtvoll prunkendes Kleid, barocker Faltenwurf und reicher Perlenschmuck; der rechte Unterarm mit der feingliedrigen weißen Hand durchschneidet diagonal den unteren Bildteil und trifft sich mit der Hand des Knaben. Dann wieder die dunklen Augen der Frau, an denen der Blick hängen bleibt, sinnlich, voller Lebenslust – am Bildrahmen ein Schild: Sophie Dorothea, die Prinzessin von Ahlden.

Von Ahlden? Eine Prinzessin? Das gestrige bescheiden-düstere Schloss? – Ein Blick in den Katalog: Sophie Dorothea, geboren 1666, gestorben 1726, mit ihren Kindern; der Sohn wurde später als Georg II. König von England, die Tochter die Gemahlin Friedrich Wilhelms I. von Preußen, des Soldatenkönigs – sie, Kurprinzessin von Hannover, also eine Großmutter Friedrichs des Großen. Und warum Prinzessin von Ahlden? – Zweiunddreißig Jahre soll sie allein in Ahlden gelebt haben, zweiunddreißig

Jahre allein in diesem Schloss in der Heide, in dieser Einöde? Als Prinzessin? Und allein?

An ihre Person, so der Katalog weiter, knüpft sich ein höfischer Skandal. Gemahlin des Kurprinzen von Hannover, Gerüchte, Scheidung, dann offenbar Verbannung nach Ahlden, lebenslänglich, ihre Kinder sah sie nie wieder, der geschiedene Gatte bestieg als Georg I. den englischen Thron, der Sohn folgte ihm – ein Frauenschicksal, ein höfisches, vor über dreihundert Jahren. Der Hof tat alles, die Sache zu vertuschen, ließ alle greifbaren Akten verschwinden und vernichten, nichts sollte davon bleiben, bis heute nicht geklärte Ereignisse ...

Hinüber zur Stadtkirche. Führung durch die Fürstengruft. Vor den Sarkophagen des Herzogs Georg Wilhelm von Celle und seiner Gattin Eleonore, neben Kindersärgen, ein Sarkophag mit der einfachen Aufschrift *Sophie Dorothea*, nur der Name, kein Titel. Trinkgeld für den Fremdenführer: Was weiß er über sie, über die Prinzessin von Ahlden? Nicht viel mehr als die Angaben im Katalog, eine dunkle Geschichte, nie geklärt: dieses seltsame Verschwinden des Grafen Königsmarck. Ein Mord? Historiker hätten versucht, die Affäre zu rekonstruieren, aber wenig Ergebnisse, auch sei man sich wohl nicht einig, zu viele Lücken, mehr und Genaueres wisse auch er nicht. Doch einer seiner Vorgänger habe ihm erzählt, im Jahre 1937, in einer stürmischen Februarnacht, sei dieser Sarkophag der Prinzessin von Ahlden von ruchlosen Schatzsuchern aufgebrochen worden. Ob man Wertsachen gesucht und gefunden habe, wisse er nicht. Bis auf den Schädel seien schon alle Gebeine vergangen gewesen.

Vergangenes und Vergessenes, eine dunkle Geschichte, dreihundert Jahre her, was soll's? – Und doch Neugier: Was geschah damals, was tat sie, diese Sophie Dorothea, und was tat man ihr an? Ein Frauenschicksal in der längst vergangenen Welt der barocken Höfe. Anders als heute und doch ergreifend? Noch heute erzählbar? Allenfalls fragmentarisch und punktuell das, was trotz allem blieb, einzelne Steinchen, lückenhaft aneinander gefügt, vielleicht doch ein Umriss, ein Zeichen, ein erkennbares Muster ...

I. Ein Graf verschwindet

Sommer 1694: Am Abend des 11. Juli – es war ein Sonntag, Gewitterschwüle lag über dem Land – nähert sich dem Leine-Schloss in Hannover eine einsame Gestalt, leicht bekleidet mit einem weißen Carmisol, schlichter grauer Sommerhose von Leinwand und einem braunen Regenrock, das heißt: nach damaliger Kleidersitte weder hofmäßig noch militärisch, sondern äußerst leger. Auch eine Waffe, Standeszeichen des Edelmanns, trug der Mann nicht. Die Schlossuhr hatte eben zehn geschlagen. Einige Bürger, die in dem noch warmen, vom Wetterleuchten durchzuckten Sommerabend auf den Straßen und Wegen in Sichtweite des Schlosses flanierten, sahen, wie diese Gestalt die Brücke überquerte und sich dem Eingang des Schlosshofes zuwandte.

Name und Person dessen, der dann den Blicken im Dunkel des hohen Portals entschwand, waren stadtbekannt: Philipp Christoph Graf Königsmarck, Oberst in hannoverschen Diensten und seit kurzem wohl auch kursächsischer Generalmajor. Eine hoch gewachsene Gestalt, kastanienbraunes Haar fiel in Naturlocken auf seine Schultern, 29 Jahre alt, unverheiratet, wohnhaft seit Jahren in der Osterstraße.

Vier Tage später, am 15. Juli 1694, gibt ein Georg Konrad Hildebrand, *Secretarius des hiesigen Obristen Graf Königsmarck*, wie er sich auswies, bei dessen Vorgesetztem, dem Generalfeldmarschall von Podewils, eine Vermisstenanzeige auf.

Am 11. Juli, so Hildebrands Angaben, habe sich sein Herr den ganzen Tag *„sehr inquiet bezeigt, so dass ihm, Secretario, solches befremdlich vorgekommen"*. Der Graf habe Schreibmaterialien gefordert mit dem Bedeuten, er hätte die ganze Nacht zu schreiben und sollten seine Leute nur zu Bette gehen. Er, Secretarius, hätte hernach aus seinem Fenster gesehen, dass der Graf ausgegangen, ohne einen einzigen Menschen bei sich zu haben, und er wäre danach nicht wiedergekommen. Seinen Domestiken sei es nun eben nicht ungewohnt, dass der Graf zuweilen allein ausgegangen, ein paar Nächte und einen Tag dazwischen ... Doch diesmal dauere es gar zu lang und wisse er, Secretarius, nicht, was er davon denken und halten solle, ob sein Herr noch lebe und was ihm begegnet ...

Der Generalfeldmarschall von Podewils, ein im Dienst ergrauter, schon etwas zittriger, fast achtzigjähriger Mann, befiehlt einem Schreiber, diese Aussage zu Protokoll zu nehmen. Die Nachricht selbst schien ihn kaum zu überraschen, höchstens die Mitteilung, der Graf sei, so habe man Hildebrand zugetragen, zuletzt von einigen Bürgern im Hofportal des Leine-Schlosses gesehen worden. Der greise Feldmarschall antwortet kurz und knapp, er werde, wie es sich gehöre, den Vorfall direkt und baldmöglichst Seiner Durchlaucht, dem Kurfürsten Ernst August, melden. Und nach einer kurzen Pause, in der er offenbar nachdenkt: Im Übrigen solle man abwarten. Der Herr Graf würde sich wohl wiederfinden und *„sollte man seines Ausbleibens halber nur keinen Bruit machen, auch das Gesinde zum Stillschweigen anhalten"*.

Einen Augenblick hatte der Secretarius das Gefühl, hier werde ihm etwas vorgespielt. Dann war er schon entlassen.

Das Wegbleiben seines Herrn und eine solche Reaktion darauf von offizieller Seite schienen dem Secretarius Hildebrand ebenso rätselhaft wie unverschämt und ärgerlich. Er, Hildebrand, tat als oberster Domestik des verschwundenen Grafen ja nur seine Pflicht und Schuldigkeit. Schließlich saß er ohne Order und Geld in der riesigen, aufwendig mit kostbaren Möbeln, Wandbehängen und Gemälden ausgestatteten Wohnung in der Osterstraße zusammen mit 28 weiteren Bediensteten Königsmarcks, dazu mit einem Stall von 52 Pferden und Maultieren, die versorgt sein wollten. Die Lage war um so prekärer, ja geradezu absurd, weil er seit Wochen den Abmarsch seines Herrn ins Feld vorzubereiten hatte, was praktisch einer Auflösung dieses Haushalts in Hannover gleichkam. Graf Königsmarck sollte das Kommando der beim Reichsheer am Rhein stehenden sächsischen Reiterei übernehmen, dazu ein Kürassierregiment. Hildebrand sowie ein Teil der übrigen Bediensteten hatten schon lange Weisung gehabt, sich für diesen 15. Juli 1694 abmarschbereit zu halten. Dass Königsmarck sich gerade jetzt, in dieser Situation, aus freien Stücken, ohne jede Ankündigung, ohne Nachricht zu hinterlassen, aus Hannover entfernt haben sollte, schien mehr als unwahrscheinlich. Da musste schon anderes passiert sein.

Hildebrand sah es als seine Pflicht an, zumindest die nächsten Verwandten seines Dienstherrn, zwei Schwestern und eine Tante, über den außerordentlichen Fall zu benachrichtigen. Sie lebten weit weg, in der Gegend von Stade, in Schweden und in Sachsen. Die Post dorthin braucht Wochen ...

„Ich lege den Finger auf den Mund und überlasse es dem Höchsten, ein Rätsel, das mich mit Schrecken füllt, zu lösen“ – so schloss der Secretarius Hildebrand jeden der drei Briefe.

Hannover ist im Jahre 1694 eine überschaubare kleine Residenzstadt: ein paar Tausend Einwohner, schmale, winklige Gassen, umschlossen von hohen Mauern, Wällen und Gräben. Nur drei Stadttore gibt es, die abends pünktlich verschlossen werden. Das spurlose Verschwinden eines hoch gestellten Militärs ist in solcher Enge keine Kleinigkeit, über die man einfach zur Tagesordnung übergeht. Zu unglaublich ist dieser Vorfall, er ruft sofort die wildesten Vermutungen und Gerüchte hervor.

Zu auffällig ist auch die plötzlich verschärfte Bewachung des Schlosses. Niemand wird dort seit dem 12. Juli mehr eingelassen. Der Durchgang über die

Schlossbrücke zum Schlosshof, früher immer nur nachts verschlossen, ist jetzt auch am hellen Tag gesperrt. Am auffälligsten aber ist dieses Schweigen, das Schweigen aller offiziellen Stellen.

Ein Schluss, der einzig logische, liegt nahe: Königsmarck wird, aus welchen Gründen auch immer, im Schloss, aus dem ihn niemand wieder hat herauskommen sehen, festgehalten. Gerüchte laufen um: Nachts zwischen elf und zwölf Uhr sei er dort in einem braunen Campagnerock mit weißem Carmisol und Nachtmütze über eine Galerie geführt worden. Zwei Personen seien bei ihm gewesen, offenbar Bewacher. So jedenfalls glaubt es ein Schneider namens Peter Richter, abends Tabak rauchend vor seinem Haus in der Calenberger Straße stehend, von vorübergehenden, ihm unbekannten Leuten gehört zu haben. Der Schneider erzählt es dem Johann Adolf Rüdiger, auch er ein jetzt herrenloser Bediensteter des Grafen Königsmarck, und Rüdiger gibt das Gehörte an Hildebrand weiter.

Überall Vermutungen, Gerüchte, offen oder hinter vorgehaltener Hand, angeblich Verbürgtes, halb oder falsch Verstandenes, unter Bürgern, in Hofkreisen, auf der Straße, im Wirtshaus, im Salon.

Am 15. Juli, am Abend des Tages, an dem ursprünglich der Abmarsch ins Feld geplant war und nachdem er Königsmarck offiziell als vermisst gemeldet hat, rechnet der Secretarius Hildebrand schon längst mit dem Schlimmsten. Er ist sich sicher, dass der Hof ihm bei der Suche nach dem Verschwundenen, vielleicht Verhafteten nicht helfen wird, im Gegenteil. Nur er, Hildebrand, kann, wenn überhaupt, etwas für seinen Herrn tun. Er weiß, dass ein mit einem gelben Band umwundenes Kästchen, das der Graf immer, so Hildebrands spätere Aussage, *„so überaus wohl in Acht genommen"*, sich noch irgendwo in der Wohnung befinden muss. Im Glauben, dass es vielleicht den Schlüssel zum Geheimnis enthalten könne, beginnt er fieberhaft zu suchen. Schließlich findet er es, nicht einmal sehr versteckt, unter den hinterlassenen Papieren. Als er das Kästchen öffnet, enthält es ein Päckchen Briefe in französischer Sprache, sorgfältig gesammelt, zum großen Teil auf goldgerändertem Schreibpapier, aber auch bloße Zettel und beschriebene Papierfetzen, teilweise gefaltet und versiegelt. Sofort erkennt der Secretarius die Schriftzüge seines Herrn, aber auch die einer anderen Hand. Als er ein, zwei, drei Schreiben überfliegt, findet er seltsame Zahlen darin verstreut: *100, 102, 202, 305*. Sie stehen, das merkt Hildebrand sofort, offensichtlich für Personennamen, also eine verschlüsselte Korrespondenz, Geheimpapiere. Er schließt das Kästchen wieder, es ist ja nicht seine Sache, hier Rätsel zu lösen, obwohl er seine Vermutungen hat. Er weiß nur, dass diese Papiere verschwinden müssen, und zwar sofort. Auf keinen Fall dürfen sie offiziellen Stellen in die Hände fallen. Hildebrand lässt den Lakaien Mickel kommen, einen sowohl ihm wie seinem verschwundenen Herrn ergebenen Diener, übergibt ihm das Kästchen mit dem Auftrag, es unter allen Umständen ungeöffnet an eine Adresse außerhalb der

Stadt zu schaffen, vorbei an den Kontrollen der Stadtwache und der Stadttore – was auch in derselben Nacht noch gelingt.

Als am Tag darauf auf Befehl der hannoverschen Regierung die gesamte Wohnung Königsmarcks in der Osterstraße durchsucht und dann versiegelt wird, glaubt Hildebrand zu wissen, dass er das Richtige, zumindestens nichts Falsches getan hat.

Der Hof befindet sich in diesen Tagen, Mitte Juli 1694, nicht vollzählig in Hannover. Anwesend waren im Leine-Schloss der Kurfürst Ernst August, 65 Jahre alt, der erst seit kurzem, seit 1692, die 9. Kurwürde im Heiligen römischen Reich deutscher Nation erhalten hatte – eine noch immer umstrittene, auch geneidete, längst nicht von allen anderen Höfen anerkannte Standeserhöhung – sowie seine Gemahlin Sophie, eine geborene von der Pfalz. Ihr Sohn, der 34-jährige Kurprinz Georg Ludwig, befindet sich seit längerem auf einer Reise in Berlin. Dessen Frau, die sechs Jahre jüngere Kurprinzessin, Tochter des Herzogs Georg Wilhelm von Celle, eines Bruders des Kurfürsten, war gerade am 25. Juni von einem Besuch bei ihren Eltern im Jagdschloss Bruchhausen nach Hannover zurückgekehrt. Anwesend waren auch die Kinder des Kurprinzenpaares, der Sohn Georg August, elf Jahre alt, und seine um vier Jahre jüngere Schwester, die den gleichen Namen wie ihre Mutter trug: Sophie Dorothea.

Der Hof, richtiger beide Höfe, der von Hannover und Celle, bilden ein Gewirr von komplizierten persönlichen wie dynastischen Verhältnissen und Interessen: Sophie, die jetzige Kurfürstin von Hannover, war zuerst die Braut Herzog Georg Wilhelms von Celle gewesen. Dieser hatte sie im Jahre 1658 an seinen jüngeren Bruder Ernst August abgetreten, weil, wie er glaubte oder behauptete, ihm die Folgen von amourösen Abenteuern im Venezianischen Karneval eine Eheschließung verboten. Er hatte seinem Bruder versprochen, ehelos zu bleiben und ihn später als Erben seines Herzogtums Celle einzusetzen, um so die beiden Herzogtümer zu vereinen. Dann hatte er aber doch noch geheiratet, hatte also sein Wort gebrochen und war eine skandalöse Mesalliance eingegangen mit einer landfremden Mätresse Eleonore d'Olbreuse aus niederem südfranzösischem Adel, die, energisch und zielstrebig, im Jahre 1676 nach Erhebung zur Reichsgräfin und offizieller Trauung schließlich auch ihre kaiserliche Bestätigung als Herzogin von Celle durchsetzte. Dadurch musste das von Hannover begehrte und zu erbende Herzogtum Celle ihrer inzwischen legitimierten einzigen Tochter mit Georg Wilhelm, Sophie Dorothea, zufallen. Ernst August war, um doch noch das Herzogtum Celle für das Haus Hannover zu erhalten, in dieser Situation nichts anderes übrig geblieben, als seinen ältesten Sohn mit eben dieser Erbin, aber auch Tochter einer Mutter aus nicht ebenbürtigem Adel zu verheiraten.

Diese allein der Staatsräson gehorchende Eheschließung zwischen dem hannoverschen Erbprinzen Georg Ludwig und seiner Cousine Sophie Dorothea von Celle fand im Jahre 1682 statt, für den hannoverschen Hof ein Ereignis von ebenso wichtiger wie zwiespältiger Bedeutung: Erhoffter Reichtum und Machtzuwachs wurden erkauft durch einen erheblichen dynastischen Makel.

Und dieser Hof in Hannover, in dessen Leine-Schloss der Graf Königsmarck am 11. Juli 1694 abends hineingegangen und verschwunden ist, schweigt weiterhin zu diesem Vorfall und verstößt damit gegen jede Regel, Pflicht und Etikette. Unterdessen und wohl nicht zuletzt deswegen vermehren, präzisieren und widersprechen sich die einander jagenden Gerüchte über Königsmarcks Verbleib. Er sei an dem bewussten Abend im Schlosshof von vier Leuten attackiert, am Hals und an der Hand verwundet und dann, in einen Mantel gewickelt, davongetragen worden an einen geheimen Ort. Drei schwere Wunden an Hals, Haupt und Beinen – so wollen es andere noch genauer wissen. Aber – und das klingt refrainartig immer wieder durch – keine der Wunden sei tödlich gewesen. In Wahrheit lebe der Graf wohl noch, werde gefangen gehalten im Schloss oder an einem anderen geheim gehaltenen Ort. Man habe ihn zwingen wollen, Gift zu nehmen; er habe sich jedoch geweigert. Er werde jetzt von einer hoch gestellten Person am Hofe selber versorgt und im Laboratorium des Schlosses gepflegt. Dann wieder soll er in der Stadt, in der Münze, gefangen sitzen oder im Haus des Grafen von Platen, des ersten Ministers. In dessen Garten habe man unlängst das Gespräch dreier Geheimräte belauscht, dabei sei von *„couper la tête“* die Rede gewesen. Auch den Satz *„noch lebet der Graf, doch* *möcht es wohl nicht mehr lange währen*" will jemand vernommen haben.

Königsmarck sei hochverschuldet gewesen, so viel sickert schnell durch: aufwendige Lebensführung, die riesige Wohnung, 28 Bedienstete, Zahlungen an Verwandte, wenig Ertrag aus seinen Gütern bei nur mäßigem Sold und ausbleibenden Beförderungen, dazu Spielschulden, alte, jahrelang verschleppte – und immer wieder neue. Jemand will ihn kürzlich beim Hofjuden Lefman Behrens gesehen haben, und das nicht nur einmal. Andere bestätigen das, aber wie erklären Schulden, selbst hohe, nicht mehr rückzahlbare Kredite zu Wucherzinsen ein solches Verschwinden? Und ausgerechnet im Schloss?

Dass der Obrist Königsmarck ein amouröses Verhältnis – oder auch mehrere – in Hofkreisen hatte, will man ebenfalls mit Bestimmtheit wissen. Spielschulden und Liebeshändel – das Übliche in diesen Offizierskreisen, die sich aus Adligen, meist zweiten und dritten Söhnen hoher Häuser, zusammensetzen. Aber eben nur das Übliche – warum dann hier und jetzt diese Folgen? Und warum dieses merkwürdige Verhalten des Hofes?

Am 22. Juli 1694 – elf Tage nach dem für Königsmarck verhängnisvollen Abend – ein neuerliches Ereignis und wieder im Schloss. Es löst eine neue Gerüchteflut aus. Von der Abendmahlzeit weg, während sie noch mit der siebenjährigen Tochter der Kurprinzessin spielte, wird deren Hofdame Eleonore von dem Knesebeck verhaftet. Ein Gardeleutnant von Spoerken und ein Kammerfurier namens Lochmann dringen unangemeldet in den Salon ein und führen, sich auf höheren Befehl berufend, das sich heftig wehrende und protestierende Hoffräulein, eine schon ältere, etwas verwachsene, aber sehr resolute Person, mit Gewalt in ein offenbar sicheres, verschließbares Gemach des Schlosses, in dem schon früher andere, dem Hofe unliebsame Personen gefangen gehalten wurden, zuletzt, drei Jahre zuvor, die Mitglieder einer Prinzenverschwörung.

Zwei Tage später wird in Gegenwart der Gefangenen von einem Geheimen Sekretär Zachariae ihre Kammer gründlich durchsucht. In Schreib- und Toilettentischchen findet man Briefschaften und andere Papiere: offensichtlich Gesuchtes, das sofort beschlagnahmt wird. Tagelang wird dann die Knesebeck von mehreren Geheimen Räten eingehend verhört. Man soll, so verlautet, ihr sogar mit Folter gedroht haben.

Die Gerüchteflut schwillt an. Je länger und auffallender der Hof auch zu diesem neuen Vorfall schweigt, desto pikanter, drastischer und skandalöser wird das Vermutete. Das spurlose Verschwinden Königsmarcks, die plötzliche Verhaftung der Knesebeck sowie die erwartete Rückkunft des Kurprinzen aus Berlin – das reizt zu Kombinationen.

Der Graf habe die Kurprinzessin entführen wollen, in flagranti habe man beide ertappt. Die Hofdame als Mitwisserin des Ganzen, ja Mitverschworene schmachte jetzt im Kerker. Königsmarck, vom betrogenen Ehemann verwundet, sei in einem verborgenen Gewölbe vom Scharfrichter enthauptet worden. Vor Tagen habe man in der Dunkelheit etwas mit einem schwarzen Tuch Überzogenes nach der Schlosskirche tragen sehen ...

Das dringt auch bald über Hannover hinaus. Die rätselhafte Geschichte wird Tagesgespräch an benachbarten, dann auch entfernteren Höfen, im Heiligen römischen Reich, in ganz Europa.

Doch auch auf höchster Ebene weiß niemand etwas Genaues oder gar Offizielles. In Hannover selbst gibt es keine ausländischen Gesandten, von den nächstgelegenen und dynastisch verwandten Höfen Celle und Wolfenbüttel ist nichts zu erfahren. Auch hier nur Gerüchte, Widersprüche, vage Dementis.

„Königsmarck unter den Augen der Prinzessin erstochen, mit der er im Bett überrascht worden“ – so berichtet, zu Skandal und Sensation aufgebauscht, ein französischer Agent nach Versailles. Doch schränkt er kurz danach schon wieder ein: Königsmarck liege, durch zwei Degenstiche, darunter einen in die Blase, auf den Tod verletzt in einem entlegenen Teil des Schlosses. Einige Tage später: *„Königsmarck nicht gleich hingerichtet, die Leiche unter dem Mist verscharrt.“* Ein am Dresdener Hof akkreditierter Gesandter dagegen vermutet zur selben Zeit *„den Körper längst in der Kloake“*. Und als offenbar skeptischer Kenner höfischer Verhältnisse setzt er hinzu: *„Er wird so wenig gefunden werden wie der Leichnam Mosis.“* Dann die naheliegende

Vermutung: *„Vielleicht ist eine hohe Dame die Ursache seines Unglücks."* – Alles in allem, so fasst der englische Vertreter am Celler Hof zusammen: eine mehr als *„schmutzige Affäre"*.

Die Ereignisse in Hannover werden selbst an der Hoftafel von Versailles zum Gesprächsthema. Ob es wahr sei, *„dass die Churprinzessin sich justificirt hette und begehrt, sich wieder mit ihrem Herrn zu vergleichen auf 3 conditionen"*, von denen eine die Freilassung Königsmarcks sei, fragt Ludwig XIV. seine Tischnachbarin, die es wissen sollte, nämlich seine Schwägerin die Herzogin von Orléans, gebürtige Liselotte von der Pfalz, Nichte und Briefpartnerin der Kurfürstin Sophie von Hannover. Erschrocken und erbleichend schweigt die Angesprochene – so berichtet sie es selbst der Kurfürstin brieflich. Dann weist die Korrespondenz zwischen Nichte und Tante, später publiziert und bekannt geworden als die Briefe der Liselotte von der Pfalz, bei allem, was Hannover betrifft, einige Monate auffällige Lücken auf.

Anderes, vielleicht Genaueres erfuhr der Hof in Kopenhagen. Sein Geschäftsträger, ein Herr Mencken, der sich zur Tatzeit am Hofe in Wolfenbüttel aufhielt, äußert schon am 28. Juli erstmals auch Vermutungen über die Täterschaft.

„Ein verlaufner Italiener" habe Königsmarck in ungebührlichen Kleidern in flagranti ertappt und – so das von Mencken verwendete Wort – *„fertiggemacht"*. Dahinter stünden natürlich andere, höher gestellte Personen. Auftraggeberin und somit eigentliche Urheberin der Tat sei wohl eine Hofdame und Gattin

eines hohen Ministers, die Gräfin Platen, der man ein Verhältnis mit dem Kurfürsten und auch eins mit Königsmarck nachsage. Dessen Leiche habe man übrigens, mit Steinen beschwert, in die Leine versenkt.

Politik ist in dieser Zeit allein Sache des Hofes und zwischen Höfen. Presse und Öffentlichkeit, die sich einer solchen Sache annehmen, die der Hof so offensichtlich verschweigt, gibt es noch nicht.

Am 23. Juli 1694 trifft in Hannover ein Sondergesandter des kursächsischen Hofes ein, der Oberst und Generaladjutant Johann Banér aus Dresden. Er kommt im offiziellen Auftrag seines Hofes, endlich Licht in das Dunkel um Königsmarck zu bringen. Immerhin war hier ein soeben in Dienst gestellter kursächsischer Generalmajor im Leine-Schloss in Hannover verschwunden – für Dresden ein Vorfall von nicht unerheblicher politischer Tragweite. Doch auch Banér, ein energischer, im diplomatischen Dienst erfahrener und keineswegs ängstlicher Mann, stößt, wohin er sich auch wendet, auf eine feste Mauer des Schweigens.

Tage, Wochen ermüdendster Erfolglosigkeit. Dann entschließt Banér sich zur letztmöglichen Offensive. Er stellt offiziell die Forderung an den hannoverschen Hof, den im Leine-Schloss zurückgehaltenen kursächsischen Generalmajor von Königsmarck herauszugeben, und droht: Käme Königsmarck nicht wieder zum Vorschein, so würden Zeugen, die man vorführen könne, Sachen aussagen *„zum Erstaunen de tout le monde“*, ja es werde, so die letzte, äußerste Drohung, *„zu Extremitäten“* kommen.

Die einzige Antwort, die er darauf erhält, ist jedoch nur sein eigenes Rekreditiv: Damit wird ihm – ungeheurer Affront! – der hannoversche Hof verboten. Banér wehrt sich. Ohne Rückzugsbefehl aus Dresden, so lässt er antworten, werde er Hannover nicht verlassen. Im Übrigen halte er an seinem Auftrag fest: völlige Aufklärung des Falles Königsmarck.

Darauf erfolgt nur wenig später auf gleicher Ebene ein politisch-diplomatischer Gegenzug. Der hannoversche Hof schickt seinerseits einen Obristen, den Grafen Wittgenstein, als Gesandten nach Dresden. Er hat die Erklärung zu übermitteln, Ernst August, Kurfürst von Hannover, habe den Grafen Königsmarck nicht in seiner Gewalt, folglich könne er auch nicht wissen, wo dieser sich befinde, geschweige denn ihn ausliefern. Überdies sei Königsmarck gar kein kursächsischer Bediensteter, er stehe noch immer in hannoverschen Diensten – was nicht ganz unrichtig war, denn tatsächlich hatte Königsmarck seine Entlassung dort noch nicht beantragt, und seine kursächsische Bestallung war zwar vollzogen und besiegelt, ihm aber noch nicht ausgehändigt worden.

In der Instruktion, die Wittgenstein für seine Verhandlungen in Dresden mit auf den Weg bekam, hieß es weiterhin: „*Wenn man ihm zu verstehen geben sollte, dass es wunderlich sei, wo der Graf Königsmarck hinkomme, wird er darauf antworten, dass es freilich ein extraordinärer Casus sei.*“ Und dem folgte als Begründung das, was der Secretarius Hildebrand bei seiner Vermisstenanzeige schon zu Protokoll gegeben hatte:

„Wenn aber jemand eine so extraordinaire conduite führete und die Gewohnheit hätte, allein auszugehen, eine Nacht und einen Tag, auch wohl länger auszubleiben, ohn Jemand von seinen Leuten zu sagen, wo er anzutreffen, so könnte man sich eben so groß nicht verwundern, wenn er sich endlich gar verlöre ...“ Und dann noch, unvermittelt, die Mitteilung: Das Verschwinden des Grafen Königsmarck habe nichts, aber auch gar nichts mit der Person der Kurprinzessin zu tun. –

Warum dieses seltsame Dementi? Warum ein solches Dementi, wo es gar nichts zu dementieren gab? Eine bloße Reaktion auf Gerüchte, die, wie man wusste, längst auch in Dresden kursierten?

Die Antwort auf die eigentliche Frage blieb der hannoversche Hof damit und nach wiederholten Rückfragen von sächsischer Seite weiterhin in geradezu provozierender Weise immer noch schuldig. Wie Kain auf die Frage nach Abel, so schrieb der englische Vertreter Stepny aus Celle an seinen Londoner Hof, kenne Hannover in dieser Angelegenheit nur die Antwort, dass man nicht seines Bruders Hüter sei.

Am 27. Juli 1694 verlässt die Kurprinzessin Sophie Dorothea das Leine-Schloss in Hannover, ohne die kurz bevorstehende Rückkehr ihres Gatten aus Berlin abzuwarten, und unter merkwürdig geheimen Umständen. Aufmerksamen Beobachtern, von denen es in der sehr frühen Morgenstunde aber nur wenige gab, wollte aufgefallen sein, dass die militärische Bewachung ihrer Equipage erheblich verstärkt worden

Gemälde Graf Königsmarcks von einem unbekannten Künstler, schwedischer Privatbesitz

war. Wie verlautete, wollte die Prinzessin ihre Eltern in Celle besuchen.

Am 2. August 1694 lässt Herzog Georg Wilhelm von Celle seinen Geschäftsträgern an den Höfen in Wien, Stockholm, Berlin, London und am Reichstag zu Regensburg eine gleichlautende Instruktion zugehen:

Nachdem die Kurprinzessin von Hannover anfangs nur *„einige froideur“* gegen ihren Gatten gezeigt habe, sei ihr durch Fräulein von Knesebeck allmählich solcher Widerwille gegen denselben eingeflößt worden, dass sie von ihrem Vater die Erlaubnis erbat, in das elterliche Haus zurückzukehren. Er, Herzog Georg Wilhelm, habe aber diesen Entschluss als Vater missbilligt, stattdessen die Prinzessin ermahnt, ihrem Gemahl zu vertrauen, und er habe sie nach Hannover zurückgeschickt. Allein die Prinzessin sei durch die Umtriebe der Knesebeck in ihrem Widerwillen gegen den Gemahl noch bestärkt worden und vor dessen Rückkehr aus Berlin wieder zu ihrem Vater aufgebrochen. Der aber entbot ihr durch entgegengeschickte Personen, dass sie entweder umzukehren oder sich in das *„unterwegs gelegene Amtshaus Ahlden“* bis auf weiteres zurückzuziehen hätte. Die Prinzessin habe das Letztere vorgezogen, ihre Verführerin aber, die Knesebeck, wurde auf seinen, Herzog Georg Wilhelms, Wunsch arretiert.

Dies war die erste offizielle Version der hannoverschen Ereignisse seit dem 11. Juli. Kein Wort darin allerdings über Königsmarck.

Wenige Tage später sandte auch der hannoversche Hof ein eigenes, im Wesentlichen gleich lautendes und wohl mit Celle abgesprochenes offizielles Reskript an dieselben Geschäftsträger. Hannover jedoch fügte wieder das seltsame Dementi hinzu: Man verwahre sich entschieden gegen den *„Wahn“*, als ob *„Königsmarcks Disparation mit des Kurprinzen Frau Gemahlin einigen rapport hätte“*.

Am 5. August wird die Hofdame von dem Knesebeck als Staatsgefangene in das Amtshaus Springe überführt, in ein von Wall und Graben umschlossenes, gefängnisartig befestigtes Gebäude. Palisaden und Wälle hatte man in Eile ausgebessert, die Schlösser der Tore und Brücken verstärkt, ein Wachlokal und ein Schilderhäuschen eingerichtet, eine Infanteriekompanie von 24 Mann und einem Leutnant dorthin abkommandiert.

Tage später gibt der Amtmann Johann Christoph von Wintheim seiner vorgesetzten Behörde einen ersten Bericht vom Zustand der ihm Anbefohlenen:

„Die Hände eiskalt, sie redete gar geschwinde, die Augen standen ihr starr im Kopfe.“ Und weiter: diese *„obstinate und verschlagene Person“* wolle immer wissen, wo die Kurprinzessin sich aufhalte und ob *„die verschwundene Person“* noch lebe – offenbar unliebsame Fragen nach den Vorgängen um Königsmarck. Vor den Palisaden und im Vorwerk, dessen Tore jetzt, in der Erntezeit, offen stehen müssten, so setzte der Amtmann seinen Bericht fort, seien seit der Inhaftierung der Hofdame mehrmals verdächtige Personen erschienen, verklei-

dete Mannsbilder in grauen Röcken, die ihnen nicht passten und unter denen feine Hosen und Strümpfe hervorgeguckt hätten. Auch seien zwei ebenfalls verkleidete Spitzenkrämerinnen erschienen mit einem nur vorgegebenen Anliegen. Eine habe der Knesebeck so ähnlich gesehen, dass es nur eine Verwandte sein konnte. Auf Französisch habe sie ihr zum Fenster hinauf zugerufen: 100 000 Taler Bürgschaft seien geboten, doch man habe noch keinen Bescheid.

Daraufhin ergeht aus Hannover der Befehl, das Fenster der gefangenen Hofdame sei zu vernageln, *„dass sie mit niemandem mehr sprechen könne, aber doch noch genugsam Luft und Licht erhalte“*. Baldmöglichst werde sie auf eine Festung verlegt werden, die sicherer sei als dieses Amtshaus.

Hier in Springe hörte die Knesebeck nachts in einem Gefängnisraum unter dem ihrigen den Grafen Königsmarck laut singen, genau sechs Wochen nach seinem Verschwinden und *„ganz deutlich“*. Es sei mit Sicherheit die ihr so bekannte Stimme gewesen, so sagt sie, allerdings Jahre später, aus und schließt die Vermutung an, der Graf sei dann anderswohin verbracht worden, *„wo die Gräfin Platen ihm das Mark aus den Knochen saugen werde“*.

Am 6. August 1694 – vier Wochen nach dem Verschwinden Königsmarcks, und noch immer liegt eine brütende Hitze über Hannover – erhalten die ehemaligen Bediensteten, der Secretarius Hildebrand und der Auditeur Rüdiger, eine Vorladung ins Schloss. Unterzeichnet war sie von mehreren Geheimen Räten. Dass sich jetzt höchste Beamte persönlich in dieser Angelegenheit bemühen, hatte bei den Domestiken Erwartungen und Hoffnungen geweckt: Endlich scheint nun doch von offizieller Seite, von der Regierung selbst, Aufklärung in die dunkle Affaire um das Verschwinden ihres Herrn gebracht zu werden. Doch die strenge Kontrolle im Vorhof des Schlosses, die militärische Bewachung, unter der sie schließlich den Geheimen Räten vorgeführt werden, ernüchtert schon bald. Die erste Frage der Exzellenzen an die Vorgeladenen kommt barsch und unvermittelt, klingt eher wie der Beginn einer Vernehmung: Ob und was Hildebrand und Rüdiger über das Schicksal ihres Herrn, des verschwundenen Grafen, bekannt sei, will man wissen. Sie, die Bediensteten, haben hier offenbar Rede und Antwort zu stehen, nicht der Hof.

Zuerst sprachlos über diese seltsame, ja absurde Verkehrung der Fronten, antwortet Hildebrand schließlich stockend und zögernd: Er wisse nur, was *„Communis rumor“* in der Stadt sei, nämlich dass der Graf noch vor wenigen Tagen im Schlosse gesehen worden. Darauf inquisitorisch die zweite Frage der Exzellenzen, woher sie, der Secretarius und der Auditeur, solche *„Plaudereien gottloser und nichtsnutziger Subjekte“* hätten und warum sie sich, Hildebrand und Rüdiger, an solcher *„Verbreitung fabulösen Geschwätzes liederlicher Leute“* beteiligten? Wer habe so etwas in die Welt gesetzt?

Schlagartig wird den beiden Bediensteten klar, worum es hier eigentlich geht: Nicht die Wahrheit des Falles Königsmarck soll aufgeklärt, sondern die Gerüchte darüber sollen erstickt werden! Böswillig berechnend sei solches Gerede, so tönt es ihnen entgegen, wo man doch, so wörtlich, *„der Vernunft nach nicht anders schließen könne, als dass der Graf nicht mehr am Leben sei“*.

Verängstigt gibt Rüdiger als Gewährsmann schließlich den Schneider Richter aus der Calenberger Straße an, der sei es, der gehört habe, man habe den Grafen nachts über eine Galerie des Schlosses gehen sehen. Diese Aussage wird eifrig notiert, findet offenbar höchstes Interesse. Was noch folgt, sind Beschimpfungen und massive Drohungen.

Das Verhör – und um ein solches handelt es sich ja ganz augenscheinlich – endet schließlich mit *„gnädigster Entlassung“*, aber nur unter der Bedingung und Auflage, dass man sich fortan jeder *„ungebührlichen Plauderei“* enthalte.

Hildebrand und Rüdiger sind am Ende froh, überhaupt wieder aus dem Schloss herauszukommen. Hildebrand wiederholt nur: Er lege den Finger auf den Mund, und allein dem Höchsten müsse man es überlassen, dieses Rätsel zu lösen ...

Am Tag danach wird der Schneider Richter in seiner Wohnung und Werkstatt verhaftet und abgeführt. Als er nach Tagen zurückkommt, schweigt auch er. Er verliert nie ein Wort über seine Haft und sein Verhör.

Fünf Tage später, am 13. August, wieder eine Vorladung durch dieselben Geheimen Räte. Diesmal ergeht sie an den Lakaien Johann Herbort, den Diener der Kammerjungfer von dem Knesebeck. Man habe, so die Vernehmenden, bei Durchsuchung des Knesebeckschen Gemaches Gift gefunden, Rattengift und Scheidewasser: ob er, Lakai Herbort, von solchem wisse und wozu es habe dienen sollen? – Das Rattengift, gibt der Lakai sofort und ohne ins Stottern zu geraten zu Protokoll, das Rattengift habe er selbst aus der Ratsapotheke besorgt, und zwar vor etwa einem Jahr. Mit Zucker und Mehl vermischt, sei es gut gegen diese Biester, die sich im ganzen Schloss, auch in den Wohnzimmern, vermehrten. Von Scheidewasser allerdings wisse er nichts, wirklich nicht. – Man hakt nach: Ob solches Scheidewasser seine Herrin geordert und zu welchem Zweck? Der Lakai stottert, vielleicht dass seine Herrin zur Konservierung ihres Teints ... Er scheint wohl wirklich nichts zu wissen. Die Geheimen Räte winken ab.

Dass die Knesebeck den Kurprinzen mit Gift, so die wörtliche Formulierung in den Akten, *„habe vergeben"* wollen, vielleicht im Auftrage ihrer Herrin, der Kurprinzessin, ist wohl nur eine Verleumdung oder haltlose Vermutung. Damit ist der Lakai entlassen. Militärische Wachen schließen die Tore hinter ihm.

Zur selben Zeit wird eine Schwester der gefangen gesetzten Hofdame von dem Knesebeck, eine Sybille Juliane von Metzsch, mit Landesverweisung bestraft. Der offizielle und einzige Grund: Sie habe am Hofe verbreitet, *„ein Kaufmann aus Hannover getraue sich, den Grafen von Königsmarck bald zu finden und säße derselbe auf dem Schloss im Keller"*.

Auch andere Hofdamen – nicht nur am hannoverschen Hof, sondern auch am Hof in Celle – sollen *„wegen dergleichen Plaudereien"* belangt worden sein, so erzählt man sich in der Stadt.

Dass Königsmarck wirklich tot ist, glaubt eigentlich niemand, am wenigsten seine Angehörigen. Jedermann in Hannover halte den Grafen noch am Leben, niemand wage sich jedoch nach der Bestrafung des Schneiders Richter noch damit hervor, so erklärt die Celler Hofdame de Lescour, als auch sie vorgeladen und verhört wird.

Am sächsischen Hof Augusts des Starken in Dresden bemüht sich unterdessen und schon seit Wochen Aurora von Königsmarck, die Schwester, verzweifelt und unter Einsatz erheblicher Geldmittel um den verschwundenen Bruder. Sie geht wie selbstverständlich und auch Jahre später davon aus, dass er noch lebend in den Händen der hannoverschen Behörden ist. Ein *„nie fehlendes Horoskop"* habe ihm zwar für das Jahr 1694 *„eine große Disgrace"* vorhergesagt, aber auch, und daran hält sie sich fest, dass er triumphierend draus hervorgehen werde. Zeitweise glaubt sie den Bruder auf dem Schlosse Calenberg, auch Lauenau wird einmal als Haftort vermutet. Aus Dresden verlautet Monate später sogar offiziell, Königsmarck sitze gefangen auf der Feste Scharzfeld im Harz, mit einem langen Bart sei er dort gesehen worden. Ein Zeuge in Dresden hatte berichtet:

„Sind mir zwei Kutschen zwischen Hannover und Scharzfeld begegnet, wobei ein Kapitain mit 50 Dragonern

gewesen. Als eines Officiers Diener hinterdrein geritten gekommen, habe ich ihn gefragt: was das für Leute wären in jenen zugemachten Kutschen. Darauf hat mir dieser Diener die Antwort ‚Königsmarck' gegeben, als ich aber weiter ihn fragen wollen, hat er weiter keine Rede gestehen wollen, sondern ritt seinen Weg fort."

Auch der Auditor Rüdiger erklärte dort im Jahre 1695, Königsmarck sei gewiss noch eine geraume Zeit am Leben gewesen, gefangen in des Grafen Platen Haus und nachmals auf der Münze. Solche Aussagen aber könne er nur in Dresden machen, in Hannover sei das zu gefährlich, dort habe er nach des Grafen Verschwinden *„keinen Pas thun können, welcher nicht zur Genüge observirt worden"*.

Der Nachlass Königsmarcks in der Osterstraße in Hannover ist im Herbst 1694 immer noch versiegelt. Zwar hat der Schwager, ein Graf Lewenhaupt, längst die Freigabe verlangt, sie wurde aber immer wieder abgelehnt: Zuerst müssten die *„starken Forderungen der Gläubiger"*, vor allem die des Hofjuden Lefman Behrens, geklärt sein.

Am 13. Oktober, nachmittags um drei Uhr, wird überraschend der Secretarius Hildebrand *„in des Herrn Grafen Quartier"* vorgeladen zusammen mit dem Auditor Rüdiger. Dort treffen sie vor der Haustür auf den Geheimen Kriegssekretär Zachariae, den Oberzahlkommissar Reinbold, einen Notar und den Gläubiger Lefman Behrens. Hildebrand weist Vollmachten von Graf Lewenhaupt und der Schwester Maria Aurora von Königsmarck vor, die als nahe Angehörige, aber nicht als Erben auftreten können, da irgendeine Bestätigung des Todes ja nach wie vor fehlt. Dann wird der Eingang der Wohnung entsiegelt, und auch die Siegel von den anderen Gemächern und den Möbeln werden entfernt. Alles wird sorgfältig durchsucht. In einem Schreibschrank findet man Bargeld, einen Betrag von genau 441 Talern, wie das rasche Nachzählen ergibt. Das Geld, so erklärt Zachariae, wird der Kriegskanzlei in Verwahrung gegeben, und zwar für die Forderung von Behrens, die allerdings noch strittig sei. Einen verschlossenen Schrank ohne Schlüssel lässt man durch einen eiligst herbeigerufenen Schlosser öffnen. Ein Bündel Briefe, das sich darin findet, wird sofort beschlagnahmt.

Tage später führen Hildebrand und Rüdiger auf einer ganzen Reihe von Rüstwagen das Mobiliar und den persönlichen Nachlass ihres verschwundenen Herrn in zahllosen Kisten, Koffern und Säcken nach Braunschweig und geben sie dort einem Notar als Treuhänder in Verwahrung.

Graf Philipp Christoph von Königsmarck war und blieb verschwunden. Er ist seit dem Abend des 11. Juli 1694, seit seinem Verschwinden im Leine-Schloss in Hannover, auch wenn vieles über ihn zu hören war und berichtet wurde, nie wieder öffentlich oder privat gesehen worden. Weder lebendig noch tot.

II. Eine Prinzessin wird geschieden

Am Abend des 27. Juli 1694 näherte sich die sechsspännige Staatskarosse mit der Kurprinzessin Sophie Dorothea, die in den frühen Morgenstunden dieses Tages Hannover verlassen hatte, einem der Prinzessin unbekannten Dörfchen. Ihrem Wunsch, in Bruchhausen bei Celle mit ihrem Vater erneut zu einer Unterredung zusammenzutreffen, war man nach anfänglichem Zögern nachgekommen. Aber man hatte sehr bald einen ihr unbekannten Weg eingeschlagen. Auf ihre diesbezüglichen Fragen und Proteste waren nur ausweichende Höflichkeiten erfolgt, jedoch keine Erklärungen.

Stundenlang war man durch menschenleere, verlassene Gegenden gefahren. Jetzt, gegen Abend, erhob sich über dem dunklen Fluss, einem Nebenfluss der Aller, am Eingang des Dorfes, neben der Kirche, aus flachem Marsch- und Wiesengelände ein stattliches Gebäude aus Ziegelstein, der so genannte Amtshof Ahlden wie man ihr auf wiederholte Fragen antwortete, bis zur Höhe des Obergeschosses verdeckt von einem durch Palisaden gestützten Wall, eine noch mittelalterliche, um einen Innenhof gruppierte vierflügelige Befestigungsanlage, umgeben von breiten Gräben mit stinkendem braunem Moorwasser. Das Ende der Welt: am Rande einer öden Heide, abseits aller Verkehrswege, im näheren Umkreis, zu Fuß oder zu Pferd erreichbar, kein größerer Ort; Ahlden selbst: gut fünfzig, meist ärmliche Häuser, etwa 400 Einwohner. Rundherum Bäche, Teiche, Altwässer, bald in Sumpfwiesen und unzugängliche Moore übergehend, einsame Holzungen, in denen Reiher nisteten, eine weite, einförmige Landschaft unter einem schweren, lastenden Himmel, ohne jeden Reiz, unwirtlich, bedrückend.

Die Kutsche fuhr über zwei Brücken durch das zweigeschossige Torhaus, unter dem Wappen mit den steinernen Figuren der Pietas und der blinden Justitia hindurch, in den engen, düsteren Innenhof des Amtshofes, den man hier Schloss nannte. Eilig wurden die schweren Eichentore von der militärischen Begleitmannschaft wieder geschlossen.

Im Amtshof konnte man sich den hohen und, wie man annehmen musste, ehrenvollen Besuch nicht erklären. Der Oberfalkenmeister Sieur de la Forttière, mit der Oberaufsicht betraut, führte die Kurprinzessin eine dunkle Eichentreppe hinauf in den ersten Stock des Nordflügels, in ein karg möbliertes Zimmer. Ihre Begleitung wurde im östlichen Querbau untergebracht, im Dachgeschoss über Ställen und Vorratskammern. Alles wirkte provisorisch und improvisiert: Auf einen solchen Besuch war hier offenbar niemand eingerichtet. Man tat, was man konnte, bemühte sich mit größter Höflichkeit, wenn auch verlegen, den vermuteten Ansprüchen gerecht zu werden. Doch in Ton und Gesten aller Beteiligten, der einheimischen wie der fremden, spiegelt sich Unsicherheit, manchmal nur hilflos, oft geradezu ängstlich. Alles wartete offenbar auf weitere Anordnungen von oben, auf genauere Anweisungen.

Zwei lange Tage nach Ankunft der Prinzessin, am 29. Juli, kommt aus Celle von Herzog Georg Wilhelm, ihrem Vater, ein Bote mit einer ersten, vorläufigen Erklärung und Instruktion: Der Amtsvorsteher, der Oberfalkenmeister, habe die Pflicht, Prinzessin und Gefolge von jedem Verkehr mit der Außenwelt abzusperren. Die Prinzessin sei im Amtshof in strengstem Gewahrsam zu halten, bis sie wieder bereit sei – das die augenscheinliche Begründung für alles – zu ihrem Gemahl nach Hannover zurückzukehren.

Lange, quälende Tage im Amtshof Ahlden. Völlige Ungewissheit über Vergangenheit und Zukunft, vor allem auch über Königsmarck. Am Abend des besagten 11. Juli war zwar, so eine spätere Aussage der Knesebeck, überraschend jemand in die Vorkammer der Prinzessin eingedrungen mit der hastig hervorgestoßenen Meldung, Königsmarck habe sich im Schlosshof mit einem Grafen Lippe geschlagen und sei erstochen worden. Aber Sophie Dorothea hielt das sofort und wohl immer noch für eine Falschmeldung. Was wirklich mit Königsmarck geschehen war, ob er tot war oder noch lebte, wusste auch sie nicht und niemand in ihrer Umgebung. Gewissheit nur, dass man ihr Zimmer durchsucht und die aus gutem Grund hinter Gardinen und in Sesselpolstern versteckten Billette und Briefe gefunden hatte.

Endlose Tage, die nichts Neues bringen. Dann – nach einer Woche – meldet sich hoher Besuch, eine Equipage vom Celler Hof. Der goldverzierten Karosse entsteigen zwei Minister, ein Herr von Bernstorff und ein Herr von Bülow. Sie werden sofort, komplimentiert vom Oberfalkenmeister, in das Zimmer der Prinzessin geführt. Ein Protokollant, ein mitgereister Schreiber, nimmt Platz.

Die hohen Herren eröffnen der Prinzessin ernst, sachlich und ohne Umschweife, dass alles entdeckt sei, alles. Die Briefe, die man gefunden habe, seien eindeutig – und dabei machen beide eine bedeutsame Pause. Dann lesen sie ihr die Instruktion ihres Vaters, des Herzogs Georg Wilhelm von Celle, vom 2. August vor, die dieser auch an die Gesandten des Celler Hofes in Wien, Stockholm, Berlin, London, Kopenhagen und Regensburg geschickt hatte. Sie sehe und müsse zugeben, dass man alles getan habe, den Skandal zu vermeiden. Dass es jetzt zu einem Scheidungsprozess kommen werde, sei wohl klar.

Die Prinzessin wird bleich. Empörung steigt in ihr auf, aber sie beherrscht sich. Sie weiß, welches Geständnis man sich erhofft, doch sie gibt sich keine Blöße. Die Scheidung, erklärt sie nach längerem Überlegen, während sie ruhig im Zimmer auf und ab geht, sei auch ihr Wunsch. Sie wisse wohl, dass sie ein Ärgernis abgegeben habe. Sie bereue alles, vielleicht könne sie es, indem sie sich füge, wieder gutmachen – das klingt etwas wie auswendig gelernt. Jedenfalls bleibe ihr keine andere Wahl. An eine Rückkehr an den Hof in Hannover sei von ihrer Seite nicht zu denken. Vor dem Kurprinzen, ihrem Gemahl, so fährt sie fort und so hält es der Protokollant fest, fürchte sie sich, sie setze aber *„große confiance in des Kurfürsten Generosität"*. Nein, in ihrer Kammer sei *„er"* – das Protokoll nennt hier keinen Namen – des Nachts nicht gewesen. Nur die *„wenige amitée, vielmehr aversion"* ihres Gemahls habe sie in dieses Unglück gebracht. Man solle nur sagen, was sie machen soll, das wolle sie tun.

Bernstorff und Bülow dringen nicht weiter auf sie ein. Zwar hatten sie sich mehr erhofft, nichts weniger wohl als das Eingeständnis ihrer ehelichen Untreue, aber beide sind auch so zufrieden. Denn fest steht immerhin: Die Prinzessin muss nicht gegen ihren Willen geschieden werden, und das erleichtert das einzuleitende Verfahren erheblich. Kurz, knapp und formell verabschieden sich die beiden Minister.

Ein ebenso einfacher wie perfider Plan war aufgegangen. Die Reise der Prinzessin hatte man einfach umgeleitet. Der gewünschte Besuch bei ihrem Vater in Bruchhausen konnte so als Fluchtversuch dargestellt werden und eine Legitimation für die Gefangensetzung in Ahlden abgeben. Gleichzeitig verwendete man diese angebliche Flucht zur Konstruktion des erwünschten Scheidungsgrundes, und zwar ganz unabhängig von allem, was mit Königsmarck zusammenhing. Gezielt hatte man überdies die Prinzessin in eine Zwangslage gebracht: Am hannoverschen Hof wusste man längst, dass sie unter keinen Umständen zurückkehren wollte, aber nur die Rückkehr dorthin zu ihrem Gemahl, so erklärte man ihr, könnte verhindern, dass sie geschieden wurde.

Ein hektisches Spiel hinter den Kulissen begann: In der ersten Hälfte des Monats August traten die Höfe von Hannover und Celle mehrmals in kurzen Abständen auf Konferenzen in Engensen und Bissendorf zusammen. Völliges und sofortiges Einvernehmen herrschte auch hier über den Scheidungsgrund: *„malitiöse Desertion der Prinzessin“*, böswilliges Verlassen. Der Fall Königsmarck, so glaubte man offenbar, sei damit völlig aus dem Spiel.

Einverständnis auch darüber, dass nach dem Gerichtsstand des kurprinzlichen Paares das Scheidungsverfahren auf hannoverschem Gebiet vor sich gehen müsste und dass die Prinzessin in Haft zu bleiben hatte. Unterschiedliche Meinungen herrschten nur über das ihr beizugebende Personal. Man einigte sich schließlich nach zähen, langwierigen Verhandlungen auf die Hofdame de la Bessière, eine Französin, schon über sechzigjährig, und eine, wie sich herausstellen sollte, recht schwierige Matrone; auf den noch jungen, 29-jährigen reformierten Prediger Casaucau; den Küchenschreiber und Hausverwalter Dombé; zwei Kammerdiener und zwei Kammerfrauen, zwei Lakaien, einen Kutscher, einen Vorreiter, eine Waschfrau und einen Türken. So ergibt sich ein weitgehend paritätisch aus hannoverschen Leuten und solchen aus Celle zusammengesetzter, kleiner, regelrechter Hofstaat, aber zugleich auch das Bewachungspersonal: Alle Angestellten werden sofort und auf beide Landesfürsten in schwere Eide und Pflichten genommen.

Festgelegt wird ferner die Einsetzung eines ebenso paritätisch von Hannover und Celle zu beschickenden Ehegerichts sowie die Überstellung Sophie Dorotheas in das Schloss Lauenau, das auf hannoverschem Gebiet liegt, für die Dauer des Scheidungsverfahrens. Festgesetzt wird auch jetzt schon die Verteilung und Höhe der Kosten: 8000 Taler jährliches Unterhaltsgeld, das nach einem eventuellen Ableben ihres Vaters erhöht werden soll – sehr viel Geld für eine allein lebende Prinzessin. Nach ihrem 40. Lebensjahr – aber das ist erst in zwölf Jahren – sogar mehr als das Doppelte jährlich, damit, so die Worte des Vaters, *„sie in ihrem Alter, wann ihr die Follién aus dem Kopfe kommen, ihr Auskommen haben möchte"*.

Vor diesen *„Follién"* aber, ihren Tollheiten oder Verrücktheiten – damit ist wohl das jüngste Geschehen in Hannover gemeint – will man sich ein für allemal und für immer schützen. *„Nach der Separation der Ehe"*, so wird darum festgesetzt, soll die Prinzessin weiterhin unter Bewachung in Haft gehalten werden, und zwar ohne Gerichtsbeschluss und auf unbestimmte Zeit – ein Akt willkürlichster Kabinettsjustiz: fürstlich-standesgemäße Versorgung im Austausch gegen fortwährende Freiheitsberaubung.

Am 8. September vollzieht der Kurfürst Ernst August von Hannover diesen Rezess, am 11. September unterschreibt ihn auch sein Bruder, der Vater der Prinzessin, Herzog Georg Wilhelm von Celle. Und dieser später so genannte *„Acte de disgrâce"* bleibt geheim. Die Prinzessin erfährt ihn nie.

In der Morgenfrühe des 10. September – Nebel liegt noch über den Wiesen und kündigt trotz der Kühle einen schönen, warmen Herbsttag an – verlässt die sechsspännige Karosse der Kurprinzessin den Amtshof Ahlden. Ihr folgen einfachere Wagen mit den Bediensteten, davor und dahinter berittene Bewachung. Man steuert Neustadt am Rübenberge an, hier werden die Pferde gewechselt, weiter geht es in Richtung Lauenau, auf hannoversches Gebiet. Um sechs Uhr abends trifft man dort ein.

Auch hier ein Amtshof, ähnlich dem Ahldener, nur noch kleiner, noch enger, noch düsterer. Auch hier rings um die Gebäude ein Wall, Palisaden, die bis zur Höhe des zweiten Stockwerks reichen. Über die Holzbrücke rumpelt die Karosse in einen stickigen Innenhof. Kein Durchzug, kein Sonnenstrahl, dumpfe, modrige Luft; Hühner, Enten und sonstiges Kleinvieh wimmeln herum, Schwärme lästiger Fliegen und Stechmücken, und ein entsetzlicher Gestank aus den Stallungen, die innerhalb der Schlossmauern liegen.

Ein Herr von der Wense, seines Zeichens hannoverscher Kammerherr, stellt sich vor und nimmt Sophie Dorothea und ihr Gefolge in Empfang. Das äußere Tor wird sofort wieder verriegelt. Das Schloss ist militärisch bewacht, ein Major Brunck hat den Ober-

Kurprinzessin Sophie Dorothea mit ihren Kindern um 1691, Bomann Museum, Celle

befehl über die Besatzungstruppen, kein Unbefugter darf es betreten.

Neben dem Herrn von der Wense steht eine Frau von Wackerbarth, eine energische Dame, eine geborene von Berlichingen aus dem Jagsttal, wie man später erfährt, als man sich nach ihrem eigenartigen, hier in Niedersachsen kaum verständlichen Dialekt erkundigt. Ihr Gatte, so erklärt Herr von der Wense, befinde sich auf der Rückkehr von einem Feldzug in Piemont, er solle dann ihn, Wense, baldmöglichst ablösen und die Oberaufsicht über Lauenau übernehmen.

Der Empfang ist förmlich, fast frostig. Frau von Wackerbarth bemüht sich um die Prinzessin und ihr weibliches Gefolge, führt sie in die vorbereiteten Räume, die, nach den Erfahrungen von Ahlden, annehmbarer erscheinen, jedenfalls äußert sich die Prinzessin zufriedener. Man spricht, wie meist am Hofe, mehr Französisch als Deutsch; seltsam nur, dass die bestellte Oberaufseherin, die Frau von Wackerbarth, überhaupt kein Französisch versteht. Das Gespräch der Prinzessin mit ihrer Hofdame de la Bessière verfolgt sie verständnislos und mit offenem Mund. Der erste Wunsch, den die Prinzessin äußert, ist, die engen, stickigen Räume, das ganze dumpfe Schloss verlassen zu dürfen, wenigstens zeitweise auf Spaziergängen, zumindest auf dem Wall mit dem Blick ins Freie. Sie brauche frische Luft, sie bekomme sonst ein hitziges Fieber. Doch Frau Wackerbarth schüttelt den Kopf, das sei ganz unmöglich, das sei gegen ihre Weisungen. Schon kommt es zu ersten

Differenzen. Die heftige, immer nur auf Französisch geführte Unterhaltung der Prinzessin mit ihrer Hofdame, die diesen Wunsch offenbar unterstützt, erregt wachsendes Misstrauen bei Frau Wackerbarth. Sie entfernt sich wortlos.

Zusammen mit Herrn von der Wense setzt sie später ein Schreiben nach Hannover auf. *„Sie spricht nicht viel, weint aber häufig"*, heißt es darin über die ihr anvertraute Prinzessin. Und Frau von Wackerbarth übermittelt auch deren Bitte, auf dem Wall spazierengehen zu dürfen, unterstützt sie sogar mit der eigenen Befürchtung, die Prinzessin werde sonst krank, *„wan sie nicht luffet"*.

Auch in Hannover erregt der eigenartige Dialekt der Oberaufseherin Befremden, ja Belustigung: *„Luffet"* – heißt das nun *„läuft"* oder *„lüftet"*? Das Schreiben wimmelt überdies von orthographischen Merkwürdigkeiten und seltsamen Wörtern und Formulierungen. Doch man genehmigt die Bitte: Spaziergänge dürfen auf dem Wall, allerdings nur mit militärischer Begleitung, unternommen werden.

September, Oktober 1694: trostloses Leben auf Schloss Lauenau, quälend für alle Beteiligten. Abgeschlossen, nur auf sich selber verwiesen, zermürbt man sich in gegenseitigen, oft kleinlichsten Intrigen. Die Hofdame de la Bessière verlangt heftig und immer wieder Freiheiten, die Herr von der Wense und Frau von Wackerbarth nicht gewähren können. Sie will allein, wann immer und wie es ihr gefällt, Ausgang haben in den Flecken Lauenau, will dort sprechen und treffen können, wen sie will. Sofort der Verdacht, dass sie heimlich Briefe expediere. Auch das Dienstpersonal verlangt Ausgang, was natürlich streng verboten ist. Besonders mit den Cellischen, schreibt Frau von Wackerbarth wieder nach Hannover, sei man übel dran, sie wollten sich hier im Hannoverschen gar nichts sagen lassen. Misstrauen und Animositäten, gelegentlich offene Feindschaften und erregte Ausbrüche.

Etwas besser wird es nach Rückkehr Wackerbarths, der, strenger als Herr von der Wense, seine Dienstaufsicht und Disziplinargewalt unnachgiebig, aber gerecht durchsetzt. Auch kann er wenigstens Französisch und muss nicht mehr hinter jeder in dieser Sprache geführten Konversation eine Konspiration wittern.

Nach einigen Wochen wird die Prinzessin tatsächlich krank, sie verlangt nach einem Arzt, der ein Fieber diagnostiziert. Doch Frau von Wackerbarth misstraut der Sache: Sie wisse nicht, was die Prinzessin so lange mit dem Leibarzt La Rose bespreche, alles immer nur auf Französisch, schreibt sie nach Hannover, nur nach Krankheit und Untersuchung sehe das nicht aus. Auch der Prediger Casaucau spreche mit der Prinzessin und der Hofdame immer nur Französisch und das oft stundenlang – sie, Wackerbarth, könne nur annehmen und hoffen, dass er ihnen aus der *„biewell"* vorlese. Darauf erneutes Rätselraten in Hannover, was das nun wieder heißen soll, schließlich errät man und einigt sich auf *„Bibel"*. Immer wieder auch Klagen und Berichte nach Hannover, fremde Personen hätten sich dem Schloss mit seinem hohen Besuch genähert, hätten gewunken oder sonstige Zeichen gegeben. Fast täglich solche Aufregungen, Verdacht, dass darauf jemand im Schlosse geantwortet habe, Verdacht auf Verrat, Aussendung von militärischen Patrouillen, Verstärkung der Bewachung, Ausdehnung der Kontrollen – meist ohne Ergebnis das Ganze und ohne Bedeutung.

Oder etwa doch nicht? – Im Flecken Lauenau macht sich ein durchreisender „Kerl“ verdächtig, der sich nach der Stärke der Schlossbewachung erkundigt. Er versucht sogar, die Wirtin des Dorfkrugs zu bestechen, der Kurprinzessin heimlich einen Brief zuzustellen. Dasselbe hatte er Tage zuvor auch schon im benachbarten Rodenburg versucht. Die Sache wird ernstgenommen und hochgespielt, die Wirtin wird zusammen mit drei weiteren Zeugen nach Hannover geladen. Es gelingt tatsächlich, den Mann zu ermitteln und zu verhaften. Dabei stellt sich heraus, dass er Kammerdiener bei einem Grafen Lewenhaupt ist. Der Graf Lewenhaupt aber ist nichts weniger als ein Schwager des Grafen Königsmarck. Und der Mann gibt auch zu, diesen zu suchen. Sein Herr glaube nämlich nicht an den Tod des Verschwundenen. Der Brief, den er im Auftrag übermitteln sollte, ist indes verschwunden und bleibt es auch.

Wieder werden die Kontrollen verschärft bei jeder Person, die das Schlosstor passiert, bei jeder Warenlieferung. Peinlichste Durchsuchungen, jeder abzuschickende oder eingehende Brief wird einer genauen Zensur unterworfen, Frau von Wackerbarth liest jeden deutschen, ihr Mann jeden französischen. Doch es gibt nicht nur verdächtige Briefe. Jeder Besucher und jeder Botengang nach außerhalb erregt Verdacht und vielleicht auch zu Recht. In einer Denkschrift, die die Schwester Königsmarcks, Maria Aurora, aufsetzt, und zwar in Dresden, heißt es, dass im September 1694 ein Kammerdiener namens Anjeau, von der Kurprinzessin gesandt *„den Tag, wo sie nach Lauenau gegangen"*, des Abends acht insgeheim zu ihrer Schwester Gräfin Lewenhaupt gekommen sei mit einer mündlichen Botschaft: *„Er solle Königsmarcks Schwestern allenthalben aufsuchen und ihnen zu wissen thun: ihr Bruder lebe, welches sie sich nicht sollten ausreden lassen, sondern beständig um seine Freiheit anhalten. Königsmarck wäre aber blessiert gewesen, und La Rose"* – derselbe Arzt, der Sophie Dorothea in Lauenau behandelt – *„hätte ihn verbunden"*. Solches wisse seine Herrin, die Kurprinzessin, ganz gewiss aus dem Munde des Arztes selbst, und lasse es den Schwestern zum Troste wissen.

Das gegenseitige Misstrauen in Lauenau wächst und war auf Seiten der Frau von Wackerbarth wohl durchaus berechtigt. Die Atmosphäre ist vergiftet. Quälendes Warten auf das, was hier, auf hannoverschem Boden, nun geschehen soll, darauf, dass überhaupt etwas geschieht. Lange, nur durch die Mahlzeiten und Spaziergänge auf dem Wall unterbrochene Tage. Regelmäßige Rapporte an die Höfe in Hannover und Celle, immer wieder darin der Zustandsbericht: *„Sie spricht nicht viel, weint aber häufig."*

Die Prinzessin wird wieder krank, fühlt sich fiebrig. Sie behauptet, daran sei nur die entsetzliche Luft hier schuld, die Mücken, die Stechfliegen, der Gestank. Periodische Fieberanfälle, eine Mandelentzündung kommt hinzu. Immer häufiger wird der Arzt La Rose nach Lauenau zitiert. Wieder stundenlange Konsultationen, die natürlich erneut Verdacht erregen. Gespräche auf Französisch, Misstrauen, dass hier nur willkommene Abwechslung gesucht wird oder gar verbotene Information und deren Weitergabe, Proteste gegen solche Unterstellungen, Gegenproteste, Wortwechsel, Beleidigungen – ein steter Kleinkrieg unter Bewachern und Bewachten.

Inzwischen ist das Scheidungsgericht zur Scheidung der kurprinzlichen Ehe zusammengestellt worden: Hannover entsendet den Generalsuperintendenten Molanus, die Hof- und Konsistorialräte Spilker, Erythropylus und Hattorf; Celle den Superintendenten Eichfeld, die Hof- und Kanzleiräte Pückler, Heldberg und auch einen Molanus, einen Vetter des Hannoveraners. Den Vorsitz übernimmt der ranghöchste hannoversche Geheimrat Albrecht Philipp von dem Bussche. Am 30. September konstituiert sich dieses Ehegericht erstmals auf der Konsistorialstube in Hannover. Die Herren werden feierlich ihres Diensteides entbunden und *„ad hunc actum judicialem specialiter“* in die Pflicht genommen, *„redlich und aufrichtig mit bestem Verstande nach göttlichem und weltlichem Recht“* ihren Spruch zu fällen.

Die Gefangene in Lauenau erfährt davon vorerst nichts. Auch das, was in unmittelbarer Nähe über sie verhandelt wird, bleibt der Prinzessin verborgen.

Wackerbarth ist als ihr Bewacher längst fest in Dienst gestellt. Eine neue Dienstanweisung betraut ihn ausdrücklich mit der gesamten und ständigen Bewachung der Kurprinzessin und ihres Gefolges in Lauenau und – so die Formulierung – auf einem *„später zu bestimmenden Amtshof"*. Er bekommt zu seinem Rang als Oberleutnant den Titel eines *„Wirklichen Kammerherrn und Drosten"*. Seine Frau soll, so ebenfalls die Dienstanweisung, *„insbesondere das Frauenzimmer überwachen"* und ihn bei der Leitung der *„menage"* unterstützen – das ist keine vorübergehende Bestallung mehr, sondern als Lebensstellung für das Ehepaar gedacht. Frau von Wackerbarth, die anfangs die Verhandlungen geführt hatte, versuchte herauszuholen, was herauszuholen war. Und bei der prekären Lage, in der sich die Regierungsstellen befanden, hatte das auch Erfolg: ein sehr stattliches Jahreseinkommen von 1500 Talern, eine damals unübliche halbjährliche Kündigungsfrist, dazu freie Station für die gesamte, noch wachsende Familie, auch Erzieher für die Kinder – immer mit dem Argument, man brauche Entschädigung für die dauernde Isolierung, die man auf sich nehme ...

Vor dem Scheidungsgericht bringt nun Hannover Klage ein namens des Kurprinzen Georg Ludwig gegen seine Gemahlin, die Kurprinzessin Sophie Dorothea: vorsätzliche und böswillige Desertion und Verweigerung der ehelichen Beiwohnung. Beide Vorwürfe gesteht die Prinzessin, vertreten durch ihren Anwalt Hofrat Thies, unumwunden ein. In zahlreichen Sitzungen und Schriftsätzen wird dann noch bis Ende Dezember 1694 verhandelt, obwohl danach eigentlich gar nichts mehr in Frage steht. Doch die Formalien sollen so erfüllt werden.

Denn auch hier ein abgekartetes Spiel, ein bloßer Schauprozess: Das Urteil stand schon lange fest, bevor die Verhandlungen begannen. Der Fall wird zwar sachlich nach bestem Wissen und Gewissen aller Beteiligten, wie das weltliche und geistliche Recht es vorschreibt, behandelt – doch jeder weiß auch, dass die wirklichen Gründe für das, was zur Entscheidung steht, niemals erwähnt werden dürfen.

Jeder weiß, dass der klagende Ehemann, Kurprinz Georg Ludwig, diese Ehe längst und mehrfach gebrochen hat, seine Mätressenwirtschaft ist nur allzu bekannt. Jeder weiß, dass die im Jahre 1692 und 1693 angeblich dem Friedrich Achaz von der Schulenburg geborenen Töchter Luise Anna und Petronella Melusine in Wahrheit den Kurprinzen vormals Erbprinzen zum Vater haben und dessen Kinder sind mit der Mätresse Ehrengard Melusine von der Schulenburg. Jeder der am Scheidungsprozess Beteiligten weiß vom Fall Königsmarck oder ahnt Zusammenhänge, die man weder wissen noch nennen darf. Das Scheidungsverfahren selbst verläuft zweifellos formell rechtens, doch eben nur, weil die wahren Gründe der Scheidung darin nie zur Sprache kommen.

Am 10. Dezember 1694 – es ist inzwischen kalt geworden, erster Schnee fällt, der aber nicht liegen bleibt – trifft im Amtshof Schloss Lauenau eine Kutsche aus Hannover ein, kaum überraschend, weil ersehnte Unterbrechung in dem zermürbenden täglichen Einerlei. Der Kutsche entsteigen der Geheimrat von dem Bussche und der Superintendent Molanus. Kurz zuvor ist schon der Anwalt der Kurprinzessin, Herr Hofrat Thies, eingetroffen und wartet mit einem Schreiber im Vorraum.

Die Herren kommen im Auftrag des Ehegerichts, je ein Vertreter der weltlichen und der geistlichen Obrigkeit, um den letzten Versöhnungsversuch der Parteien vorzunehmen – auch das eine der Formalien, die in den Satzungen vorgeschrieben sind. Unverzüglich werden die Angekommenen Ihrer Durchlaucht gemeldet. Die Prinzessin ist auf dieses Treffen vorbereitet, sie lässt sofort zu sich bitten.

Höflich und sich verbeugend eröffnet ihr der Geheimrat von dem Bussche, sehr distanziert und in betont amtlichen Floskeln, man habe sich im Ehegericht über *„dero unvermutete Resolution, dass Sie Ihrem Durchlauchtigsten Herrn Gemahl nicht könnte noch wollte wieder ehelich beiwohnen, ganz erschrocken, sonderlich Sie hinzu nicht die geringste Ursache angeführet“*. So formuliert er es später selber im Protokoll. Ihre Durchlaucht müsse doch wissen, fährt er dann fort, was dies für eine hochwichtige Sache sei, nichts Geringeres als das Wohl des Landes, im Inneren wie im Äußeren, stehe auf dem Spiel, die Freude ihrer Eltern, ihr *„ronomée im ganzen Reich“*. Sie möge doch bedenken, in welcher Hoheit und Vergnügen sie bisher gelebt habe und auch ferner zu leben wieder vermöchte, *„wann Sie zu Ihrem Ehegemahl sich wieder kehren würde"*. Er, von dem Bussche, wolle und müsse doch hoffen, dass sie sich *„eines Besseren zu bedenken belieben möchte"*.

Der Geheimrat schließt mit einer erneuten Verbeugung. Die Prinzessin hat sich alles ruhig angehört, bleibt aber stumm. Ihr Gesicht ist unbeweglich, zeigt keinerlei Reaktion. Dann tritt der Vertreter des geistlichen Rechts, der Superintendent Molanus, vor und setzt zu einer längeren, offenbar wohl ausgearbeiteten Predigt darüber an, was der Ehestand eigentlich sei, dass er von Gott eingesetzt und dass dessen Worte lauteten: bis dass der Tod euch scheide. Daraus gehe nun unleugbar hervor, dass, wer sich vom Ehegemahl trenne, solche Gottesordnung aufhebe und Ungnade auf sich ziehe. Daher denn auch – I. Corinther 7, Vers 10 – Paulus sage: *denen Ehelichen gebiete nicht ich, sondern der Herr*. Hieraus müsse nun Ihro Durchlaucht von selber sehen, in welch gefährlichem Zustand sie sich befinde, denn für einen solchen, welcher sich seiner Ordnung widersetze, könne ja keine Gnade sein bei Gott.

Die Prinzessin hört sich auch das stumm und unbewegt an. Dann antwortet sie, sachlich und offenbar ebenso gut vorbereitet: Sie habe ihre Gründe, *„ihre raisons seien sogar recht stattliche"*. Die Sache sei aber in ihrem Gewissen genug überlegt, und sie verbleibe *„bei einmal gefasster Resolution"*. Zwar wisse sie, dass sie unglücklich sein und größten Schaden erleiden werde, aber es sei besser für ihre Seele, dass sie allein bleibe. Sie habe bisher, und damit wendet sie sich betont dem Superintendenten zu, die Welt mehr als zu viel geliebt, Gott selber zöge sie nun davon ab. Sie werde nicht zu ihrem Gemahl zurückkehren, vielmehr sich Gottes Vorsehung ergeben. Von ihm allein werde sie nun alles Glück und Unglück erwarten.

Ihre Rede wirkt wie auswendig gelernt, jede Gefühlsregung scheint unterdrückt. Nur als der Geheimrat ihr noch einmal dringlich vorhält, das sei doch wohl eine *„zu geschwinde Resolution"* für eine so große Sache, fällt sie einen Augenblick aus der einstudierten Rolle und erklärt unwillig und unbeherrscht, indem sie sich zum Gehen wendet, dies alles habe schon *„längst bei ihr gekochet"*.

Dann hat sie sich wieder in der Gewalt; ruhig erklärt sie noch einmal, sie habe genugsam überlegt, ihr Entschluss sei unabänderlich.

Der Geheimrat ist offenbar mit seiner Argumentation am Ende, doch der Superintendent insistiert weiter. Wieder setzt Molanus zu einer Predigt an und wiederholt, dass Gott, nur Gott allein, der Stifter des Ehestandes sei, wie Paulus sage. Ihre Durchlaucht, die Prinzessin, müsse sich gefasst machen, Gott am Jüngsten Tage Rede und Antwort zu stehen. Ferner müsse er, Molanus, bezweifeln, ob sie auch ihre mütterlichen Pflichten gebührend überlegt habe: die Folgen ihrer Scheidung für ihre zwei unmündigen Kinder. Auch zweifle er, ob sie reiflich genug erwogen, dass nach der Scheidung, solange der unschuldige Partner noch lebe, keine Hoffnung sei, wieder zu heiraten. Nun sei Ihre Durchlaucht eine noch junge Prinzessin von gerade achtundzwanzig Jahren, die nach Gottes Willen noch viele Jahre leben könne ... Alles müsse noch einmal – bei fleißigem Gebet – von ihr selbst und mit einem Theologen überlegt werden. – Nein, unterbricht ihn hier die Prinzessin, nein, es sei bereits zu viel überlegt worden, weiteres Überlegen sei unnötig.

Wieder wendet sie sich zum Gehen. Doch Molanus gibt nicht auf. Man dürfe sich nicht vorsätzlich ins Unglück stürzen. Noch sei Zeit! Man müsse von einer einmal gefassten Meinung abgehen, wenn einem klar werde, dass sie Gott und seinem Wort entgegenstehe. Gott richte nicht, wie wir Menschen uns einbildeten.

Und der Superintendent Molanus beginnt zum dritten Mal, die Göttlichkeit des Ehestandes zu preisen und zu loben. Doch alles verfängt nicht. Sie bleibe bei ihrer Meinung, erklärt die Prinzessin nur immer wieder und zunehmend unwillig, sie bleibe bei ihrem *„schlüssigen und beständigen Vorsatz“*, nicht zu ihrem Gemahl zurückzukehren. Und sie wiederholt ihre vorbereiteten Sätze: Sie befinde sich besser, allein zu leben, nur so könne sie auch Gott dienen, sich seiner Vorsehung ergeben, nein, ihr Entschluss stehe fest!

Auch Molanus muss nun einsehen, dass hier nichts mehr zu machen und zu sagen ist. Mit Zustimmung des Geheimrats von dem Bussche bittet er darum, dass man sich entfernen dürfe.

Damit fällt das Ergebnis dieses Versöhnungsversuches so aus, wie beide Seiten es vorausgesehen und geplant haben. Während die beiden Abgesandten des Ehegerichts, der Geheimrat mehr, der Geistliche wohl weniger zufrieden, unten im Schlosshof wieder die Kutsche besteigen, setzt die Prinzessin zusammen mit ihrem Anwalt, dem Hofrat Thies, und für diesen eine nochmalige schriftliche Erklärung auf, *„dass Wir bei der abgegebenen Resolution beständig verharren, und also unser Anwalt auf das, was etwa ferner wider Uns eingebracht werden möchte, sich weiter nicht einlassen ..., sondern zugleich zum Urteil schlechterdings schließen soll*".

Das Scheidungsverfahren nimmt so den gewünschten Verlauf. Schon einen Tag später erhält der Anwalt der Gegenseite, des Kurprinzen, das Protokoll über den Versöhnungstermin in Lauenau, zwei Tage danach reicht auch er dem Ehegericht seine Schlussschrift ein. Sein Mandant, der Kurprinz, so heißt es darin, habe sich nicht ohne schmerzliche Empfindung *„zu einer solchen Extremität"* entschließen müssen. Er habe aber nicht nur nichts unversucht gelassen, die Prinzessin auf bessere Gedanken zu bringen, auch ihr Vater und ihr Schwiegervater hätten sich angelegentlich bemüht. Da aber die Kurprinzessin bei ihrer Resolution verharre, mithin derselben *„vorsätzliche Desertion"* klar zu Tage liege, müsse er das ausgesprochene Gesuch aufrecht erhalten.

Dann, im Monat Dezember, noch ein kleines Zwischenspiel hinter den Kulissen, eine kurze Verzögerung. Von Cellischer Seite, offenbar auf Wunsch ihres Vaters in gleichsam letzter Minute, erfolgen noch Vorstöße zu einer Milderung des Urteils für Sophie Dorothea. Zuerst tauchen Pläne auf, die Scheidung nur in eine Trennung von Tisch und Bett abzuwandeln. Doch Hannover lehnt das kategorisch ab. Dann will man wenigstens eine Veröffentlichung des Urteils verhindern, aber auch das wird von dort abgelehnt. Schließlich dringt man auf Streichung des ungerechten Wiederverheiratungsverbotes, das die Prinzessin, den weiblichen Part, einseitig bestraft. Doch auch darüber ist Hannover nicht zu Verhandlungen bereit. Die Aufhebung dieses Verbotes würde, so sieht man es dort, nichts anderes als eine mögliche Freilassung aus der beschlossenen Haft bedeuten und damit quasi einen Freibrief für neue „*Follién*" und Skandale.

Schwerstes Geschütz wird sogar dagegen von Hannover aufgefahren. Der Vizekanzler Hugo arbeitet eigenhändig ein Rechtsgutachten aus, das konzentriert und explizit Anklagen gegen die Person der Prinzessin enthält und sehr genau das Bild, das man von ihr in Hannover hat, wiedergibt: *„Die Kurprinzessin hat gar übele intentiones verspüren lassen, hat, wie zu erweisen, heimlich wollen aus dem Lande ziehen, sich selbst und das Haus in ewigen Schimpf und Schande setzen."* Jeder wisse, wie sehr die Kurprinzessin die Scheidung verlange, *„wie sie darüber Freude bezeige, dass dieselbe bald erfolgen werde ... Wann nun eine Mutter über die Separation von ihrem Manne, womit die separatio von ihren Kindern conjungirt, Verlangen und Freude bezeugt, ist zu ermessen, was von derselben zu gewarten. Man weiß, dass sie vordem, ehe* *ihr übeles Vernehmen ausgebrochen, verschiedentlich gesagt, sie wollte lieber eine marquise in Frankreich – dies sind Leute von keiner sonderbaren Consideration – als Kurprinzessin zu Hannover sein, denn so könnte sie sich besser divertiren, hingegen sie jetzo gleichsamb gefangen sein müsste.*" Man wisse wohl, „*was von einer Person, die zu solchen Extremitäten resolvirt gewesen, hinkünftig zu gewarten*" ...

Dagegen ist von Cellischer Seite nicht mehr zu argumentieren. Offensichtlich teilt man dort im Grunde auch die angeführten Bedenken und Befürchtungen. Die Kurprinzessin selbst erfährt von alledem wie üblich nichts. Am 15. Dezember reicht Thies, ihr Anwalt, seine Schlussschrift ein; von bloßer Trennung, von Nicht-Veröffentlichung und ihrer möglichen Wiederverheiratung ist darin nirgends die Rede.

Am 7. Januar 1695 ergeht das Urteil wie erwartet. Die Ehe des Kurprinzen Georg Ludwig wird geschieden aus alleinigem Verschulden der Gattin Sophie Dorothea. Dieser wird eine Wiederverheiratung ausdrücklich verboten, dem Prinzen bleibt sie freigestellt. „*Nachdem auch in dergleichen Desertionsfällen dem unschuldigen Theil sich anderweit zu verehelichen erlaubet, dem schuldigen Theile aber ein solches zu thun verboten ist, so hat es auch in gegenwärtigem Fall dabei sein rechtliches Verbleiben*", so die Begründung.

Beide Teile nehmen das Urteil sofort und bedingungslos an. Die europäischen Höfe werden offiziell davon unterrichtet. Die Prinzessin, so weiß der dänische Gesandte Mencken seinem Hof zusätzlich zu

Kurprinz Georg Ludwig von Hannover als König Georg I. von England, Historisches Museum Hannover

vermelden, habe noch am selben Tag ihre kostbaren Prunkkleider öffentlich durch Juden in Hannover zum Verkauf angeboten, sie kleide sich jetzt demonstrativ nur noch in Schwarz. Die Geschiedene habe sich auch völliger Devotion ergeben.

Aus dem kurfürstlichen Haus Hannover wird Sophie Dorothea ausgestoßen.

Nach Verkündigung und Zustellung des Scheidungsurteils Aufatmen in Lauenau. Bald wird nun alles überstanden sein: der Aufenthalt in diesem düsteren Bau hinter Palisaden – Vergangenheit; die ständige Überwachung, die Freiheitsberaubung – bald vorbei und vergessen. Von weiterer Verwahrung, von Haft, von einer Freiheitsstrafe steht im Urteil ja nichts, davon war auch im Prozess nie die Rede. Im Gegenteil: Dem Vater, dem Herzog Georg Wilhelm von Celle, ist ausdrücklich das Recht zugestanden worden, in seinem Lande über Sophie Dorothea zu bestimmen.

Wenige Tage später erfährt die Prinzessin, dass der Vater ihr den Amtshof Ahlden als zukünftigen Aufenthaltsort zugewiesen habe. Ihre Rückkehr auf Cellisches Gebiet solle so bald wie möglich erfolgen.

Anlass zu überschwenglichen Hoffnungen. *„Anitzt hängt der Himmel voller Geigen, weil wir von Lauenau weggehen“*, berichtet Wackerbarth nach Hannover über den psychischen Zustand seiner Schutzbefohlenen. Nur ein Gedanke: fort von hier auf Celler Gebiet; unmöglich die Vorstellung, dass der Vater sie dort weiterhin so streng gefangen halten wird. Nur fort von hier: Hinter Ahlden winkt der elterliche Celler Hof, winkt die Freiheit, wenn auch die nur begrenzte einer Geschiedenen und vorläufig noch Verstoßenen. Doch so wird es, so kann es nicht bleiben, die Prinzessin ist noch jung, einmal muss alles vergeben und vergessen sein. Dann aber auch wieder Schuldgefühle, Ängste, besser vielleicht die innere Freude nicht allzu sehr zeigen, sagen, was man hören will, schwarze Kleider, Devotion, sich geben, wie es erwartet wird. *„Wie fröhlich man sich auch stellt"*, schränkt Wackerbarth im gleichen Bericht auch wieder ein, *„so siehet man doch, daß die innerliche Betriebnuss gar groß sein muß"* ...

Was die Prinzessin nicht weiß: Der Amtshof Ahlden wird schon lange und eigens für sie hergerichtet. Die Befestigungen wurden verstärkt, neue, höhere Pfähle müssen, so der herzogliche Befehl, in den Wall eingesetzt werden, was sich bei der Kälte, die jetzt im Januar herrscht, verzögert. Der sumpfige Boden ist meterdick gefroren, zeitweise müssen die Arbeiten eingestellt werden. Längst ist auch Militär nach Ahlden verlegt worden. Aus dem in Walsrode und Rethem stationierten Wachbataillon wird ein Wachkommando zusammengestellt und abkommandiert: zwei *„Oberofficirer"*, vierzig Unteroffiziere und Mannschaften. Eine Truppe alles in allem von weit über hundert Mann, viel zu groß, um sie überhaupt im Amtshof unterzubringen. Die Soldaten werden schließlich, zwangsweise und jederzeit abrufbereit, in den Bauernhöfen des Fleckens Ahlden und in benachbarten Dörfern einquartiert, unliebsame Gäste. Bis ins Einzelne werden

Sicherheitsmaßnahmen für den Amtshof Schloss Ahlden festgelegt: Tagsüber sieben, nachts neun Posten sind bei dreimaligem Wachwechsel ständig zu besetzen: zwei vor den Gemächern der Prinzessin im ersten Stock des Nordflügels, einer am inneren Tor, zwei, nachts vier, auf dem Wall, noch einer am äußeren Tor, das bei Dunkelheit fest verschlossen sein muss. Oberbefehl und Disziplinargewalt erhält Wackerbarth. Den beiden Oberoffizieren wird ständige Wohnung im Schloss zugeteilt, sie sollen täglich mit der Prinzessin auf deren Zimmern speisen. Kein Schritt von ihr darf unbeobachtet bleiben.

Was die Prinzessin auch nicht weiß und nicht erfährt: Zur gleichen Zeit, Ende Januar 1695, erhält der Amtmann von Springe Weisung, den Abtransport der Gefangenen Eleonore von dem Knesebeck vorzubereiten. Zusammen mit einem Fähnrich und zwei Unteroffizieren soll er die frühere Hofdame und Vertraute der Prinzessin in einem verschlossenen Wagen über Einbeck in sichere Haft auf die Bergfeste Scharzfeld überführen. Auf der ganzen Strecke – der Weg führt zweimal über fremdes, nicht-hannoversches Gebiet – darf nicht der geringste Halt gemacht werden, so die ausdrückliche Anweisung. Es ist der gesamten Begleitung darüber hinaus verboten, auch nur ein einziges Wort mit der Gefangenen zu sprechen.

Auf der Feste Scharzfeld, einer unzugänglichen Burganlage auf einem steil abfallenden Felssockel des Südharzes, ist indessen die strengste Isolierungshaft vorbereitet. Die so genannte Fürstenstube im vierten

Stock des Hauptgebäudes wurde zur Unterbringung hergerichtet, die Fenster sind vergittert und mit Brettern verblendet, nur ein Stück Himmel ist noch zu sehen, der weite Blick von der Höhe nur zu erahnen.

Strengste Kontrolle: Alles Geld wird der Gefangenen beim Betreten der Feste abgenommen, ein mitgeführtes Taschenmesser muss sie herausgeben. Es gibt in dem öden Gemäuer keine Mitgefangenen. Nur ein evangelischer Pastor hat zeitweise Zutritt, in Notfällen ein Arzt. Dem Geistlichen ist ausdrücklich aufgetragen worden, sich in *„keine Erörterungen der Gefangenen über die Gründe ihrer Haft“* einzulassen, auch sich nicht dazu missbrauchen zu lassen, ihr, die ein *„verstocktes und gehässiges Gemüt verrate“*, unwahre Angaben und Erfindungen – etwa über zu Unrecht bestrafte oder verschwundene Personen – abzunehmen. Überhaupt: alles, was der Pastor hier auf dem Scharzfeld erfahre, habe er allein in seine Sterbegruft mitzunehmen ...

In den nächsten Wochen wird die ehemalige Hofdame in dieser Isolierungsfolter fast wahnsinnig: keine Bücher, kein Schreibzeug, kein Brief, der sie erreicht. Nur lautes Singen setzt sie über die Qual der Einsamkeit hinweg. Mit einer ihr verbliebenen Nähschere ritzt sie verzweifelt selbstgemachte Verse in die Wände:

Tag und Nacht bin ich alleine,
die mir lieb sein, dürfen nicht
auf Befehl der stolzen Feinde
nähern sich mir zum Gesicht.

Auch in Lauenau langes und unbestimmtes Warten: Tage, Wochen. Wechselnde Gefühle. Endlich, am 7. März 1695, morgens um halb sieben – Tauwetter hat inzwischen eingesetzt, ein erster, milder Vorfrühling liegt in der Luft – öffnen sich die Tore von Lauenau. Mit einer Wagenkolonne und der sechsspännigen Karosse der Prinzessin setzen sich Hofstaat und Gefolge sowie die militärische Begleitung in Bewegung. Wieder geht es über Neustadt am Rübenberge, dort Pferdewechsel, die hannoversche Begleitung bleibt zurück, eine Cellische Truppe übernimmt das Geleit. Abends, es wird schon dunkel, die aufgeweichten Wege waren nur schwer passierbar, taucht die schwarze, jetzt so ersehnte Silhouette von Schloss Ahlden am Horizont auf.

Dann aber, sofort und in den nächsten Tagen, die große Enttäuschung: alles ist und bleibt so wie in Lauenau. Schlimmer noch: Die Bewachung ist verschärft, noch erniedrigender die Maßnahmen, mit denen jeder Kontakt zur Außenwelt versperrt bleibt. Alles unterliegt schärfster Kontrolle: Zutritt zum Schlossbereich erhält nur, wer sich ausweisen kann durch eine vom Herzog eigenhändig unterschriebene Ordre. Alle Handwerker für die Ausbesserungsarbeiten, die immer noch nicht abgeschlossen sind, Maurer, Tapezierer, Parkettierer, selbst Lieferanten, Schuster oder Uhrmacher brauchen einen solchen Ausweis und dürfen sich im Schlossbereich nur in Begleitung eines vereidigten Bediensteten bewegen. Auch das ständige Hauspersonal unterliegt der Sperre und darf das Schloss nur bei besonderen Anlässen mit ausdrücklicher, persönlicher Genehmigung Wackerbarths verlassen oder Besucher empfangen. Wenn Fremde nur die nahe Leine-Brücke passieren wollen, sind sie von Soldaten zu begleiten und am Stehenbleiben zu hindern. Dazu, wie schon in Lauenau, strengste Briefzensur. Jeder Brief an und von Sophie Dorothea ist in Hannover vorzulegen, auch alle Briefe von und an Mitglieder ihres ‚Hofstaates'. Nicht einmal dem Priester Casaucau traut man, schon gar nicht der Hofdame de la Bessière. Lästige, umständliche, in jedem Fall erniedrigende Maßnahmen, entwürdigende Leibesvisitationen. Pakete, selbst mitgebrachte Geschenke, jede Pralinenschachtel, jede Bonbonnière wird auf heimliche Botschaften durchwühlt.

Die anfängliche Enttäuschung schlägt bald in Empörung um. Noch hofft man, sich wehren zu können. Die streitbare Französin erklärt es für unzumutbar, sämtliche Familienangelegenheiten aus ihren Privatbriefen vor Wackerbarth auszubreiten, der ihr längst gründlich verhasst ist. Casaucau besteht darauf, dass man ihm, dem geweihten Priester, auch mündliche Beteuerungen abnehmen müsse. Die Prinzessin weigert sich, mit den ihr zugeteilten Wachoffizieren täglich die Mahlzeit einzunehmen. Wackerbarth schlägt zurück, die schon aus Lauenau sattsam bekannte Situation wiederholt und verschärft sich. Wackerbarth greift zu Schikanen, beruft sich auf seine Vorschriften: Auch er tue nur, was ihm befohlen. Wenn jeder eine Ausnahmeregelung verlange, wo würde das hinführen? Er schreibt verzweifelt nach

Hannover, trägt dort Proteste und Bitten um Erleichterung vor, bittet um neue, andere Verordnungen, aber alles wird dort nur rigoros abgelehnt.

Allein dem Priester wird schließlich erlaubt, ohne Leibesvisitationen die Wachen zu passieren, aber nur gegen die jeweils schriftlich abzugebende Erklärung, keine Briefe bei sich zu tragen. Gerade das aber stiftet neue Feindschaft. Die französische Hofdame fordert das gleiche Recht. Wackerbarth verweigert es und weist ihr nach, dass sie längst heimlich einen Brief eingeschmuggelt habe. Er verlangt, ihn zu sehen. Die Hofdame verweigert das, Wackerbarth insistiert, lässt danach suchen. Gefunden wird, Tage später, nur eine abgerissene Hälfte. Wo ist die andere? – Man beschimpft sich, es kommt fast zu Tätlichkeiten.

Dass Ahlden ein neues Gefängnis ist, schlimmer noch als das alte, wird mehr und mehr zur Gewissheit. Und im Gegensatz zu Lauenau scheint alles auf Dauer angelegt. Nichts deutet auf ein Provisorium, nichts, was auf einen bloß vorübergehenden Aufenthalt schließen ließe. Hass, Misstrauen, Feindschaft weiten sich unter den Eingeschlossenen aus, lähmende Hoffnungslosigkeit. Zunehmend die Vorstellung, das alles hier nie lebend wieder zu verlassen. Dazu ein kaltes, regnerisches Frühjahr, bleierne, tief ziehende Wolken, Nieselregen, tage- und wochenlang.

Die drückende Enge wird verstärkt durch ein rigoroses Ausgeh- und Spazierfahrverbot. Die Ahldener Wälle sind nicht wie in Lauenau begehbar. Als die Prinzessin wiederholt darum bittet, ihr Spaziergänge vor dem Tor oder Ausfahrten zu gestatten, heißt es, dazu fehle es an berittenen Bewachern. Nur innerhalb der Palisaden darf sie sich bewegen, ihre ständigen Klagen über Erkältungen, über Fieberanfälle wegen der dumpfen feuchten Luft in Schloss und Hof bleiben ungehört. Schließlich Verzweiflung: Vom Hof in Celle kommen nur offizielle Verlautbarungen, neue Vorschriften, keine persönlichen Nachrichten, kein Besuch, nicht ein persönlicher Brief. Die Prinzessin Sophie Dorothea scheint für den Hof gestorben, begraben in Ahlden, totgeschwiegen selbst von ihren Eltern und Kindern.

Die Tage vergehen im grauen Einerlei: Morgens wecken, ankleiden durch die Kammerzofe, frisieren, aber für wen und für was? Dann Frühstück, der neueste Klatsch aus dem Schlossbereich, Dienstbotentratsch, Abwarten der zensierten Post, endlose, langweilende Gespräche mit der ältlichen Hofdame: Alles ist schon einmal gesagt worden, fruchtlose Reflexionen und Erörterungen über das, was war, was sein wird und was wäre, wenn ... Stickige, dunkle Räume mit rußenden Öfen, der Blick aus dem Fenster nur auf schwarze Palisaden. Unterbrechung allein durch eine immer wieder gleiche Andacht mit dem gleichen Priester, der das Gleiche sagt, die Mittagstafel, der unerträgliche Wackerbarth, die noch unerträglichere Frau Wackerbarth, Rapporte über nichts, die täglichen Schikanen, sinnlose Handarbeiten, nur um die Zeit zu vertreiben, warten – aber worauf? Ein Gang durch den Hof, die Augen der Posten und Bewacher, ein schmales Stück Himmel oben zwischen den Dächern, nirgends der Blick ins Grüne, ins Freie. Schließlich der frühe Abend, endlich die immer gleiche Zeremonie des Schlafengehens, morgen wieder der gleiche Tag.

Stunde um Stunde, Tag um Tag, Jahr um Jahr ...

Warum?

III. Die Spur der Briefe

Fest steht bis heute nur, dass der Graf Königsmarck am 11. Juli 1694 abends im Leine-Schloss zu Hannover verschwand und seitdem nie wieder gesehen wurde und dass die Kurprinzessin Sophie Dorothea am 7. Januar 1695 von ihrem Gemahl Georg Ludwig geschieden wurde. Und fest steht auch, dass zwischen diesen beiden Ereignissen einen Zusammenhang, eine Verbindung oder irgendeinen Bezug herzustellen, offiziell unerwünscht, verboten, ja strafbar war.

Alle Unterlagen darüber, was in den Jahren 1694 und 1695 an den Höfen von Hannover und Celle in Sachen „Königsmarck", „Eleonore von dem Knesebeck", „Scheidung des Kurprinzenpaares" verhandelt wurde, erst recht darüber, was dort und davor wirklich geschehen war, sind verschwunden oder beiseite geschafft worden – und zwar so auffallend und konsequent, dass allein dieses Faktum schon wieder einen Zusammenhang stiftet. Skandalös wie offenbar das Geschehen so auch der Umgang mit den Akten danach: An ihrer gezielten Vernichtung müssen höchste Stellen und Personen beteiligt gewesen sein.

So sind die Protokolle der Cellischen Ministerkonferenzen der Jahre 1690–1693 lückenlos erhalten, auch wieder die von 1695–1699; der Jahrgang 1694 aber fehlt – und das, obwohl der alte Umschlag des Bandes diesen ausdrücklich mitzählt. Alle Akten des Scheidungsgerichts: verschwunden; belegt ist nur, dass sie schon 1816 im hannoverschen Staatsarchiv gesucht wurden. Damals hieß es, der Sohn solle sie nach seinem Regierungsantritt als Georg II. von England eigenhändig verbrannt haben. Protokolle über Verhandlungen und Verhöre der Knesebeck sind im hannoverschen Staatsarchiv nicht mehr vorhanden. Dass sie dort eingeliefert wurden, beweist ein Zettel, beschriftet von einem unter Kurfürst Ernst August angestellt gewesenen Hofrat Reiche: *„Das Inquisitions-Protocoll der von Knesebeck findet sich in dem eisernen Kasten in archivo."* Den eisernen Kasten gibt es nicht mehr, und gar nichts ist erhalten über Leben und Sterben eines Grafen Königsmarck.

Konsequente Vernichtung der Spuren nicht nur im offiziellen Bereich, auch im privaten: die Korrespondenz der Liselotte von der Pfalz, über Jahre vorher und Jahre danach regelmäßig mindestens zweimal im Monat geführt, weist als einzige Lücke gerade eine im Jahre 1694 auf – und genau die Zeit zwischen dem 8. Juli und dem 18. November. Wahrscheinlich hat schon die Adressatin selbst, die Kurfürstin Sophie und Schwiegermutter Sophie Dorotheas, diese Briefe vernichtet.

Anders gesagt: Wenn etwas erhalten ist, was die Vorgänge „Königsmarck", „Knesebeck" und „Scheidung der Kurprinzessin" betrifft, so geschah das zufällig, gegen den Willen offizieller Stellen oder ohne deren Wissen. So haben sich die Akten der hannoverschen wie Cellischen Regierung betreffend den Ehescheidungsprozess des Kurprinzenpaares erhalten und darin – woran wohl niemand gedacht hat – Bruchstücke, Zitate aus den eigentlichen, originalen Scheidungsakten. Erhalten hat sich auch eine ausführliche Darstellung des gesamten Scheidungsverfahrens, die Anfang des 19. Jahrhunderts ein Kanzleidirektor Hagemann angefertigt hat nach den auf ihn – mit Sicherheit ohne Wollen und Wissen der Höfe – privat vererbten Handakten des Hofrats Thies, des Anwalts der Prinzessin. Später sind auch diese, nachdem sie in ein Archiv gegeben wurden, verschwunden.

Was bisher berichtet und zusammengesetzt wurde, Bruchstücke, fragmentarische Steinchen, ist Rekonstruktion aus Zufälligem, gesammelt später im 20. Jahrhundert, zusammengetragen, gesichtet und bewertet von der Geschichtsforschung, notwendig unvollständig, lückenhaft, oft beziehungslos, mit unsicheren Relationen und vagen Vermutungen zwischen überlieferten Details. Die Geschichte des Grafen Königsmarck und der Kurprinzessin Sophie Dorothea, so wollten es die beteiligten, verantwortlichen Stellen, sollte nicht erzählbar sein und nie geschrieben werden – und wenn, dann allenfalls als Roman, als pure, nicht nachprüfbare Fiktion.

Das geschah auch schon bald. Und je abenteuerlicher und unwahrscheinlicher das Geschehene mangels genauer Fakten dargestellt, je fantasievoller es ausgeschmückt und ergänzt wurde, desto mehr war die offizielle Absicht erreicht.

Schon 1695, ein Jahr nach Königsmarcks Verschwinden, kursierte in Hannover und sonst im Land die von einem, der sich Cassandro nannte, handschriftlich aufgezeichnete balladeske, wohl auf Jahrmärkten vorgetragene *„Liebesgeschichte zwischen Graf Königsmarcken, einem berühmten Ritter, und der vortrefflichen Prinzessin und Fürstin von Hannover"*, in der der Graf in flagranti vom gehörnten Ehemann ertappt und dann gleich öffentlich enthauptet wird.

Etwas näher dem wirklichen Geschehen war mit Sicherheit das, was ein schriftstellernder Verwandter der Prinzessin und naher Beteiligter, der Herzog Anton Ulrich von Braunschweig-Wolfenbüttel, veröffentlichte in dem 1707 erschienenen 6. Band seines historischen Romans *„Die römische Octavia"*. Unter dem Titel *„Die Geschichte der Prinzessin Solane"* fügte er der Romanhandlung um die römischen Kaiser von Claudius bis Vespasian eine Episode ein, die verschlüsselt unter antiken Namen nichts anderes darstellte als die Geschichte seiner Nichte Sophie Dorothea, der Prinzessin von Ahlden.

Setzt man als Schlüssel – und ein solcher wurde schon gleich nach Erscheinen des Romans kolportiert, ja der Autor schickte diesen selbst an hochgestellte Interessenten – statt der antiken die Namen der an den Höfen Hannover und Celle Beteiligten ein, so ergibt sich folgende Geschichte: Mythridates, dem König von Pontus (= Kurfürst Ernst August von Hannover), ist es nicht recht, dass König Polemon von Cappadocien (= Herzog Georg Wilhelm von Celle) die iberische Dynamis (= Eleonore d'Olbreuse aus niederem französischen Adel) heiratet, weil ihm Polemon durch das Versprechen, ehelos zu bleiben, die Erbschaft von Cappadocien (= Celle) zugesichert hatte. Die Tochter der Dynamis mit Namen Solane (= Prinzessin Sophie Dorothea) wird nun als Erbin Cappadociens mit seinem Sohn, dem Prinzen Cotys (= Prinz Georg Ludwig von Hannover), verheiratet und kommt als junge Schönheit an den von der Königin Adonacris (= Kurfürstin Sophie von Hannover) bestimmten pontinischen Hof. Dort trifft sie einen jungen Römer namens Aquilius (= Graf Königsmarck). *„Er war"*, so heißt es dann wörtlich, *„bereits von seiner Kindheit viel an Polemons Hof* (= Celle) *gewesen und daselbst mit der jungen Solane* (= Sophie Dorothea) *fast auferzogen worden ... und mochte wohl sein, daß aus dieser stets anhaltenden Vertraulichkeit an seiten des Aquilius* (= Graf Königsmarck) *mehr als Freundschaft entstunde ..."* Denn am Hof von Pontus (= Hannover) ist Solane unglücklich, weil dort die Frau des ersten Ministers und Geliebte des Königs Mythridates unumwunden herrscht mit dem sprechenden Namen Potentiana (= Gräfin Platen). Die Katastrophe ergibt sich dann aus Rangstreitigkeiten der Damen, in denen Solane, *„ihrer Mutter wegen"* von niederer Geburt, stets die Unterlegene ist. Sie versucht darum, mit ihrem einzigen Freund Aquilius vom Hof zu fliehen. Das wird durch die Potentiana entdeckt und verhindert: die Folgen sind der Tod des Aquilius und die lebenslange Verbannung der Prinzessin Solane ...

So weit Herzog Anton Ulrich von Braunschweig. Quelle seines Romans war sicher mündliche Überlieferung, Wissen eines nahe stehenden, wenn auch nur indirekt beteiligten Zeitgenossen, Gehörtes und Zusammengereimtes aus immerhin höfischen Kreisen. Seine Absicht aber war trotz der sachlichen Darstellung mit Sicherheit nicht die Aufklärung des Falles, eher diejenige aller familiär Betroffenen: seine Verunklärung, das Verwischen von Spuren. Als der Schlüssel allzu bekannt wurde, ersetzte er in der zweiten Auflage die antiken Namen wieder durch andere. Und an einer Stelle, der entscheidenden, nämlich bei der Schuldfrage der Prinzessin, griff er – Dichtung und Verschleierung der Wahrheit – gezielt auf ein uraltes Romanrequisit zurück: die Keuschheitsprobe, die die Prinzessin Solane natürlich besteht. Und somit war Prinzessin Sophie Dorothea wenigstens fiktiv rehabilitiert und waren Ansehen und Ruf des hannoverschen Hofes gerettet.

Bloße Romane – allen diesen zeitgenössischen und auch späteren fiktiven Darstellungen bleibt, von unterschiedlichen Wirklichkeits- und Wahrheitgehalten einmal abgesehen, eines gemeinsam: die entscheidende leere Stelle, die Lücke, die die offiziellen Stellen bewusst offen ließen oder herstellten, die Frage also nach der Art der Beziehung zwischen der Kurprinzessin und Graf Königsmarck. Diese Lücke wird fantasievoll gefüllt und romanhaft angereichert mit einer skandalösen oder keuschen, mit einer glücklichen oder tragischen, in jedem Fall aber mit einer erfundenen Liebesgeschichte. Sie ließ sich als Motiv sowohl für Königsmarcks Verschwinden wie als Motiv für Scheidung und Gefangensetzung der Prinzessin einsetzen, aber sie ließ sich nicht belegen und beweisen. Was fehlte, waren Dokumente für eine solche Liebe. Insofern konnte man auf offizieller Seite über die eigene Verschleierungs- und Vertuschungspraxis nur die Hände reiben: Sollten sie nur schreiben, beweisen konnte keiner etwas.

Umso schlimmer für diese Kreise, als schon bald nach dem verhängnisvollen Jahr 1694 Gerüchte auftauchten, dass Briefe, eigenhändige der Prinzessin und solche von Königsmarck, ja ein ganzer Briefwechsel oder zumindest Teile davon, noch existieren und sich in Händen Dritter befinden sollten. Dass es solche Briefe gab und dass diese für die Kurprinzessin auch belastend waren, konnte niemanden, der Einsicht in die tatsächlichen Vorgänge hatte, überraschen. Von *„eindeutigen Briefen"* sprachen schon die Herren von Bernstorff und von Bülow zur Prinzessin, als bei ihrem Besuch in Ahlden erstmals von Scheidung die Rede war. Und im Verlauf des Scheidungsverfahrens selbst waren die Cellischen Geheimen Räte mit der Forderung hervorgetreten, *„nach der separation die scandaleuse Briefe entweder nach zelle zu schicken, um zu verbrennen, oder in ihrer praesenz zu verbrennen"*, wie das Protokoll es festhielt.

Kein Zweifel auch, dass diese skandalösen Briefe diejenigen sind, die im Zimmer der Prinzessin selbst, *„zwischen Spielkarten und hinter der Gardine“*, gefunden bzw. bei der Gefangennahme der Hofdame von dem Knesebeck in deren Zimmer beschlagnahmt wurden. Und wie belastend sie waren, dafür gibt es keinen geringeren Gewährsmann als den Philosophen Gottfried Wilhelm Leibniz, der als Freund, Gesprächspartner und Vertrauter der Kurfürstin Sophie Einsicht in den Fall hatte und in schriftlichen Bemerkungen dazu die Überzeugung äußerte, dass nur darin enthaltene tiefste Verletzungen Herzog Georg Wilhelm, den liebevollen, gutmütigen Vater, zur Verbannung der Tochter bewogen hätten. Und zweifellos sind belastende Briefe der Prinzessin auch Hauptmotiv und Grundlage für den *„acte de disgrâce“* gewesen.

Diese Briefe jedoch sind, da sie sich ja in offiziellen Händen befanden, mit Sicherheit nach dem Scheidungsurteil vernichtet worden – auch wenn man nicht weiß, wann und wo. Nur: Sie waren nicht die einzigen.

Das mit einem gelben Band umwundene Kästchen, das der Graf immer, wie der Secretarius Hildebrand aussagte, *„so überaus wohl in Acht genommen“* und das der Lakai Mickel aus der Stadt Hannover noch vor der Versiegelung der Königsmarckschen Wohnung herausbringen konnte, muss auch in irgendwelche, eben nicht in offizielle Hände gekommen sein. Und schon vorher hatte Königsmarck an einen gewissen Hansen, den Verwalter seiner Güter, Briefschaften übersandt, die ihm in seinen eigenen vier Wänden, in der Nähe des Hofes, zu unsicher verwahrt erschienen.

Je mehr nun nach dem Verschwinden des Grafen und der Scheidung der Kurprinzessin weiterhin von den offiziellen Stellen alles getan wurde, beide Ereignisse getrennt zu halten und Zusammenhänge zu leugnen und zu verwischen, um so wertvoller musste ein noch vorhandener Briefwechsel Königsmarck-Prinzessin für diejenigen erscheinen, die ihn, oder Teile davon, in Händen hielten. Dass Beteiligte und als Mitwisser Betroffene in dieser Situation – vorausgesetzt, der Briefwechsel enthielte eindeutige Aufschlüsse über eine verbotene Beziehung – erpressbar waren, lag auf der Hand. Eine lohnende Aussicht für die Besitzer der Briefe, nur eine Frage des Preises und der Geheimhaltung.

Und irgendjemand ging hier, wenn auch sehr vorsichtig und erst nach geraumer Zeit, zu Werke, vorsichtig über Mittelsleute und angeheuerte Strohmänner. Im Jahre 1710 erhielt die Mutter der Prinzessin, die Herzogin Eleonore, inzwischen verwitwet und in Lüneburg residierend, vermittelt über einen ehemaligen Hofbeamten in Celle ein Angebot, Briefe ihrer Tochter, an deren Geheimhaltung ihr sicher liegen werde, von ihren jetzigen Besitzern zu erwerben, die natürlich ungenannt bleiben wollten. Genannt wurde dabei ein Preis, der so hoch war, dass sich das Geschäft sofort wieder zerschlug, ja nicht einmal in Erwägung gezogen wurde: 26 000 Taler, nach heutigem Wert ein Millionenbetrag. Offenber überschätzte man sowohl die Mittel der verwitweten

Herzogin wie auch ihr Interesse an dem kompromittierenden Material über die in Ahlden gefangen gehaltene Tochter.

Wenig später machten sich dann wohl dieselben Leute an die Prinzessin persönlich heran. Sie benutzten dazu als Mittelsmann den Ahldener Pastor Seelhorst, der seit Ausscheiden von Casaucau als Seelsorger Sophie Dorotheas freien und unkontrollierten Zugang zu ihr im Schloss hatte. Doch die Prinzessin zeigte noch weniger als ihre Mutter Interesse, in irgendeiner Weise auf den angebotenen Handel einzugehen. Solche – sicher unerwartete – Reaktion mag für die Anbieter und ihre Mittelsmänner enttäuschend gewesen sein, auf jeden Fall zwang sie zum Umdenken. Statt an die direkt Beteiligten wandte man sich darum einige Jahre später mit noch größerer Vorsicht und über noch mehr Strohmänner an die Gegenpartei, an die Stellen, die für die aufrecht zu erhaltende offizielle Version des Geschehens in Hannover verantwortlich waren.

Und hier biss man an. Im Auftrag der Regierung nahm ein Geheimer Rat von Görtz Verhandlungen auf, nicht abgeneigt, wie er die Erpresser wissen ließ, *„solche Briefschaften um ein gewisses Stück Geldes an sich zu handeln“*. Die Anbieter müssten allerdings, so seine gleichzeitige Forderung, ihre Schätze *„in originali producieren“*, damit deren genaue *„Designation“* überprüfbar sei. Dagegen machte die Gegenseite, wieder durch zahlreiche Strohmänner zeitraubend übermittelt, geltend, solches sei nicht möglich, da die Briefe *„unter dem Siegel dessen, der sie bisher besessen“*, in einer verschlossenen Schachtel aufbewahrt würden. In diesem Fall, so darauf die Antwort von Görtz, sei der einzige Weg, vorausgesetzt, man sei weiter an dem Handel interessiert, eine Öffnung und Prüfung der Papiere vorzunehmen, und zwar an einem neutralen Ort durch einen Vertrauensmann.

Görtz berichtete nun nach England seinem König Georg I., auch er als geschiedener Ehemann ein noch unmittelbar Beteiligter, von dieser, wie er glaubte, sehr geschickt eingefädelten Affäre, sicher nicht ohne Hoffnung auf allerhöchste Meriten. Die Antwort aus Windsor aber muss für ihn wie für die Erpresser höchst niederschmetternd gewesen sein: Kein Interesse, winkte König Georg I. ab, den Ankauf dieser Briefe überlasse er der Person, die sie auch geschrieben habe! Die solle nur das Geld dafür aufbringen, er selber verweigere jeden Pfennig auch nur für die Prüfung der Echtheit der Papiere.

Somit war man wieder auf Sophie Dorothea zurückverwiesen. Die aber, das hatte sich ja schon gezeigt, war nicht erpressbar. Trotzdem richtete nun die hannoversche Regierung durch Görtz – in seltsamer Verkehrung der Fronten – eine Anfrage an die Prinzessin, ob sie Interesse an ihren eigenen, sie und ihre Vergangenheit betreffenden Briefen habe, die der Regierung von unbekannter Stelle angeboten worden seien. Die Prinzessin blieb bei ihrer Haltung; sie denke nicht daran, so ihr Antwortschreiben aus Ahlden, *„de vouloir donner aucune récompense aus certaines gens qui prétendent avoir des lettres qui me concernent, et que je n'ay nulle envie de les voir"*.

Görtz war jetzt völlig ratlos. Warum konnte die Prinzessin das Ganze so souverän ablehnen? War sie wirklich nicht erpressbar und warum nicht? Wusste sie etwa, dass solche Briefe von ihr nicht existierten und dass das Angebotene nur eine Fälschung sein konnte? Oder enthielten die Briefe, wenn sie doch echt waren, tatsächlich nichts Belastendes? – Görtz gab die Sache allerdings noch nicht verloren. Geklärt werden konnte alles nur durch eine entsprechende Prüfung des Angebots. Die Angelegenheit ruhte eine Weile. Nach dem Tod der Prinzessin im Jahre 1726 wurde sie dann aber erneut aktuell: Jetzt musste das Interesse der Behörden an einer Nicht-Aufdeckung ihrer eigenen Praxis des Vertuschens und Verschweigens doch noch erheblich wachsen.

Im April 1727 traf im Auftrag von Görtz auf neutralem Boden in Oldenburg, im dortigen Gasthaus „Zum Grafen von Oldenburg“, ein Geheimer Sekretär aus Celle ein, mit Namen Chappuzeau, angeblich ein Kenner der Materie und insbesondere vertraut mit der Handschrift der Prinzessin. In seiner Tasche trug er eine Vollmacht der Geheimen Räte, der Regierung von Hannover, die unter größten Vorsichts- und Geheimhaltungsmaßnahmen mit den Strohmännern der Besitzer der Briefe wieder Kontakt aufgenommen hatte. Sophie Dorotheas Sohn, jetzt Prinz von Wales, hatte auf Anschreiben durch Görtz eigens 50 Taler für die Finanzierung dieser Aktion bereitgestellt.

Zu einem vorher vereinbarten Zeitpunkt traf man sich spätabends im Gastzimmer. Einer der Mittelsmänner der Briefbesitzer trug eine versiegelte Schachtel unter dem Arm, man erbrach vorsichtig das Siegel, und Chappuzeau nahm Einblick in den geheimnisvollen Inhalt. Nach einigen Minuten gespannten Schweigens, während Chappuzeau mehrere Papiere herausnahm, darin las, das Papier prüfte und die Tinte, auch Vergleiche anstellte mit anderen mitgeführten Handschriftenproben, kein Zweifel mehr: die Briefe waren echt, es waren Briefe der Kurprinzessin an den Grafen Königsmarck aus den Jahren 1692 bis 1694, *„also beschaffen"*, wie Chappuzeau am folgenden Tag nach Hannover meldete, *„dass solche nicht länger in fremden Händen gelassen werden müssten"*.

Chappuzeau ließ nun den Anbietern gegenüber höchstes Interesse durchblicken, der Ankauf der Briefschaften sei nur eine Frage des Preises. Offenbar sehr erleichtert, ließen darauf die Mittelsmänner sofort ihr Incognito fallen. Sie seien die Erben von Königsmarcks Güterverwalter Hansen, ihr Motiv sei ein, wie sie versicherten, ehrenhaftes, denn die Königsmarcksche Familie habe bei Hansen, der inzwischen verstorben sei, längst angemahnte, aber immer noch nicht bezahlte Schulden in Höhe von 26 000 Talern. Deswegen habe man sich zu diesem Weg entschlossen. Sie seien keine Erpresser, dass die Regierung keine 26 000 Taler zahlen werde, sei ihnen ohnehin klar. Aber einiges müssten diese Briefe den betreffenden Stellen doch wert sein, mit 5000 Talern sei man zufrieden. Ihnen, den Erben Hansens, sei dann wenigstens etwas geholfen, und die ganze Angelegenheit sei damit vergessen.

Chappuzeau hatte keine Vollmachten, den Handel endgültig in diesem Sinne abzuschließen, aber er versicherte, dass die Sache so gut wie abgemacht sei. Und tatsächlich bewilligte noch im Juli desselben Jahres der Sohn der Briefschreiberin, der soeben zur Regierung gelangte König Georg II. von England, diese 5000 Taler.

Die Sache wäre perfekt gewesen, wenn – Pech für die Erben, aber keineswegs bloßer Zufall – nicht zu gerade diesem Zeitpunkt plötzlich auch an anderer Stelle weitere Briefe gleichen Ursprungs, solche der Kurprinzessin und auch von Königsmarck, aufgetaucht wären.

Filz und Korruption, denn niemand anderes als nahe Verwandte des Geheimen Rates von Görtz, der sich schon vorher für den Ankauf solcher Briefschaften verwendet hatte, steckten hinter dieser neuen Offerte. Sie witterten hier ein Geschäft und wollten daran teilhaben. Noch bevor der Handel mit den Hansen-Erben abgeschlossen war, erhielt Chappuzeau, der Kenner und Vertrauensmann der Regierung, davon Kenntnis, dass neue Briefe von neuen Anbietern aufgetaucht seien.

Aus Hannover kam der Auftrag, auch diese Briefschaften zu prüfen. Als neutraler Ort wurde diesmal Hamburg ausgemacht. Dort traf Chappuzeau auf die Partei der Anbieter, vertreten durch einen Freiherrn von Ranck, seines Zeichens schwedischer Generalleutnant und Schwiegersohn des Geheimen Rats von Görtz. Auch hier in Hamburg sollten wie in Oldenburg die Briefe auf ihre Echtheit geprüft werden, seltsamerweise aber trug von Ranck bei dem vereinbarten Treffen keinerlei Briefe bei sich.

Stattdessen trat er nur mit einer äußerst hohen Forderung von 10 000 Pfund Sterling auf und dazu der Drohung, die betreffenden Briefe bei Nicht-Zustandekommen des Handels zu veröffentlichen. Die Sache wurde noch seltsamer, als sich jetzt – schriftlich, nicht persönlich – ein Obrist Jakob Axel Stael von Holstein meldete, der behauptete, die Briefe in Händen zu haben, angeblich in drei versiegelten Kästchen. Er werde sie aber erst dann zur Prüfung vorlegen, wenn man im Voraus 100 000 Taler zahle – eine geradezu absurd hohe Summe. Wenn man dieses Geld nicht aufbringen könne oder wolle, werde er, von Stael, die Briefschaften dem Papst ausliefern oder dem englischen Kronprätendenten, dem Sohn des 1688 entthronten Königs Jakobs II., als Waffe im gegenwärtigen innerenglischen Parteienstreit.

Chappuzeau wusste nicht, was er von dem Ganzen halten sollte. Er erfuhr zwar, dass von Stael ein Schwiegersohn der Gräfin Lewenhaupt, der Schwester des Grafen Königsmarck, war, die Möglichkeit also immerhin bestand, dass die offerierten Briefe echt und wirklich aus dessen Nachlass sein konnten. Zu sehen bekam er aber nichts. Angesichts der sinnlos hohen Forderung von Staels musste sogar der Mittelsmann von Ranck den Kopf schütteln: Sie konnte nur Gedanke und Tat eines Irrsinnigen sein.

Da die Briefschaften auch nach erneuten Rückfragen in den nächsten Tagen weder von Ranck noch von de Stael zur Prüfung vorgelegt wurden, reiste

Chappuzeau unverrichteter Dinge nach Hannover zurück. Offensichtlich ließ die hannoversche Regierung dann die Sache und auch die Angelegenheit mit den Briefen aus dem Hansen-Nachlass auf sich beruhen.

Die Spur der in Hamburg angebotenen, aber nicht vorgelegten Briefschaften jedoch lässt sich weiter verfolgen. Sie stammten tatsächlich aus dem Lewenhauptschen Nachlass, aus dem Besitz der Schwester Königsmarcks, wobei die Geschichte dieser Briefe nichts anderes ist als die Geschichte des mit einem gelben Band umwundenen Kästchens, das der Graf *„immer so überaus wohl in Acht genommen"* – auch sie klingt fast wie ein Roman.

Mitte März des Jahres 1754 – die Ereignisse im Leine-Schloss zu Hannover lagen nun über sechzig Jahre zurück und die unmittelbar Beteiligten waren sämtlich verstorben – erhielt der Enkel der Prinzessin Sophie Dorothea, Friedrich II., König in Preußen, ein kleines Paket von seiner jüngeren Schwester Luise Ulrike, die verheiratet war mit dem König von Schweden. In einem beiliegenden Begleitbrief schrieb sie: *„Tout ce qui regarde de la malheureuse duchesse de Zel, n'est guère honorable."*

Das Päckchen enthielt Originalbriefe Sophie Dorotheas, der Prinzessin von Ahlden. Schwer zu sagen, welche Gefühle der Enkel hatte, als er in diesen *„nicht recht ehrenhaften"* Hinterlassenschaften seiner Großmutter blätterte, ob er die Briefe nur zur Seite legte oder sie interessiert, sei es mit Empörung oder auch amüsiert, durchlas; schwer zu sagen auch, was er von dieser *„malheureuse duchesse de Zel“*, wie man Sophie Dorothea hier am preußischen Hof in Potsdam nannte, überhaupt wusste. Fest steht nur, dass Friedrich diese Briefe – 50 Blatt von Königsmarcks Hand, 14 von der Prinzessin – in einen Umschlag steckte, auf diesen, nachdem er ihn mit einem Siegel verschlossen hatte, eigenhändig die Inhaltsangabe schrieb: *„Lettres d'amour de la duchesse d'Allen au conte Königsmarck“* und ihn sorgfältig in Sanssouci verwahrte.

Wie kamen diese Briefe plötzlich in die Hände der Enkel und wo sind diese Dokumente *„d'amour“* heute? Luise Ulrike, die Schwedenkönigin, hatte sie aus dem Archiv der Familie Lewenhaupt entwenden lassen, wie und warum, dafür gibt es keine Belege. Ihre Motive, so lässt sich vermuten, mögen ähnliche gewesen sein wie diejenigen der hannoverschen Regierung beim versuchten und gescheiterten Ankauf der Briefschaften. Vielleicht dass die Lewenhauptschen Erben, die in Schweden lebten, sie ihr angeboten hatten oder, wie früher schon andere, mit Veröffentlichung drohten, vielleicht auch, dass diese Briefe bei einer vereinbarten Prüfung ihrer Echtheit einfach kassiert wurden. Mit Sicherheit aber kann davon ausgegangen werden, dass sie zusammen mit anderen, die im Lewenhauptschen Archiv verblieben, dieselben sind, über die im Jahre 1727 von Ranck und de Stael zwar nicht verfügten, aber mit Chappuzeau in Hamburg verhandelten.

Heute befindet sich der Teil des Briefwechsels, den die Königin Luise Ulrike offenbar stehlen ließ, im Deutschen Zentralarchiv. Dorthin gelangte er aus dem preußischen Geheimen Staatsarchiv, in das er nach dem Tode Friedrichs des Großen gekommen war. Der in der Lewenhauptschen Familie verbliebene Rest wurde von dieser später an die Grafen de la Gardie vererbt, als deren Nachlass befindet er sich heute in der Universitätsbibliothek von Lund. Zusammen bildeten diese Briefe den Inhalt des mit einem gelben Band umwundenen Kästchens, das der Lakai Mickel der Lewenhauptschen Familie noch im Juli 1694 überbringen konnte. Dass sich auch eigene Briefe Königsmarcks darunter befinden, erklärt sich daraus, dass er, wohl wissend um die Gefahr ihrer möglichen Entdeckung in der Umgebung des Hofes, sich solche von der Prinzessin zurückgeben ließ.

Somit wäre die leere Stelle, die Lücke, die von offizieller Seite durch bewusstes und skrupelloses Spurenverwischen offen gehalten bzw. hergestellt wurde, endlich aufgefüllt: Es gibt Dokumente einer Liebesbeziehung zwischen Königsmarck und der Kurprinzessin Sophie Dorothea, wenn – und diese Frage hatte ja schon die hannoversche Regierung des 18. Jahrhunderts gestellt – wenn diese Briefe echt sind.

Und genau hier setzte die offizielle Geschichtsschreibung nun die alte Taktik fort: Man erhob Anklage quasi gegen diese Dokumente und erklärte sie kurzerhand für Fälschungen. Während schwedische Geschichtsforscher, die erstmals in den dreißiger und vierziger Jahren des 19. Jahrhunderts das Dunkel der Archive lichteten und aus den Briefen des Lewenhauptschen Nachlasses zitierten, keinerlei Zweifel an ihrer Echtheit hatten, fuhren hannoversche und deutsche Gelehrte in der zweiten Hälfte des Jahrhunderts schweres Geschütz gegen sie auf: allen voran der Historiker Adolf Köcher im Jahre 1882 in einem Artikel der renommierten „*Historischen Zeitschrift*".

Nach Einsicht in den Berliner Teil der Korrespondenz bezeichnete Köcher den ganzen Briefwechsel als „*letzte und frechste*" Erdichtung im Fall Königsmarck, vorgenommen mit „*wunderbarer Dreistigkeit*" und „*ohne einen Fetzen echter Dokumente*". Als Argumente führte er ins Feld: Abweichungen von der Handschrift, inhaltliche Widersprüche mit der historischen Wirklichkeit, vor allem aber der „*plumpe Ton*" und eine „*singuläre Rohheit*".

Motive und Absichten solcher Beurteilung durch die Geschichtsschreibung, und zwar die offizielle des 19. Jahrhunderts, sind klar und deutlich erkennbar: Sie kreisen letztlich, wie immer schon, wieder oder immer noch um die Schuldfrage. Eine verbotene Liebe der verheirateten Kurprinzessin durfte es im Zeitalter noch bestehender höfischer Regierungen einfach nicht geben. Und die Briefe waren, wie schon die Königin Luise Ulrike ihrem Bruder schrieb, in dieser Hinsicht wirklich anstößig, ja, wie ein Archivar Schaumann schaudernd sich ausdrückte, „*geradezu unflätig*".

Eben darum hatten sie gefälscht zu sein. Der offiziellen deutschen Geschichtsschreibung, nach deren Version einer unglücklichen, unschuldigen Kurprinzessin eine Verbindung mit dem Wüstling Königsmarck nur nachgesagt wurde, hätten echte Dokumente einer wahren Liebe ganz und gar nicht ins Bild gepasst. Anders in englischen oder französischen Darstellungen dieser Zeit. Da man hier offenbar von ganz anderen Vorgaben und Zielsetzungen ausging, wurde die Frage der Echtheit erst gar nicht gestellt oder stillschweigend bejaht.

Es dauerte noch bis ins 20. Jahrhundert, bis hier endgültige Klarheit geschaffen wurde. Der Historiker und Archivar Georg Schnath legte im Jahre 1930 schließlich nach inhaltlichen und formalen Kriterien den lückenlosen wissenschaftlichen Beweis vor für die Echtheit des aus dem Lewenhauptschen Nachlass überlieferten Briefwechsels zwischen Königsmarck und der Prinzessin Sophie Dorothea. Publiziert wurden die Briefe dann, verzögert durch die Wirren des Zweiten Weltkriegs, erstmals im Jahre 1952. Es sind dieselben Briefe, so neben Kriterien des Stils und des Inhalts ein gewichtiges Argument in der langen Beweiskette Schnaths, die auch schon ihrer Schreiberin, der Prinzessin selbst, noch zu Lebzeiten in erpresserischer Weise zum Rückkauf angeboten und von ihr zurückgewiesen wurden: ihre Fälschung wäre, ganz im Gegensatz zur Meinung früherer Historiker, nicht nur ein allzu dreister, sondern auch ein zu diesem Zweck völlig sinnloser Schwindel gewesen.

Diese Briefe nun erzählen in der Tat die Vorgeschichte der Gefangenschaft im Schloss Ahlden, und sie geben auch eine Antwort auf die Frage: warum? – Zwar sind auch sie wiederum nur Bruchstücke mit großen Lücken, sind auch sie Spuren nur, zufällige, gegen den Willen und das Wissen offizieller Stellen erhaltene, aber es sind authentische Spuren. Und sie erzählen die Geschichte der Kurprinzessin von Hannover und des Grafen Königsmarck anders, als man sie gerne gehört hätte, anders aber auch als alle erdichteten Romane und Fiktionen.

IV. Jugendfreundschaft und Liebe

Königsmarck und die Prinzessin kannten sich seit Jahren, im Sommer 1680 schon ein erstes Zusammentreffen. Dreizehn-, vierzehnjährige Kinder damals bei ausgelassenen Spielen in Schloss und Park: die Königsmarckschen Geschwister, der ältere Bruder Karl Johann, die jüngeren Schwestern Maria Aurora und Amalie Wilhelmine, die später den Grafen Lewenhaupt heiratete, zusammen mit der Prinzessin Sophie Dorothea, mit Pagen und jungen Hofdamen. Gräfin Königsmarck, schon früh verwitwet, hielt sich in diesem Sommer mit ihren Kindern längere Zeit zu Besuch am Hof in Celle auf. Gesellschaftsspiele, Tänze, Tändeleien von Kindern, kaum Jugendlichen; Philipp Christoph ist hingerissen von der Tochter des Celler Herzogpaares mit dem dunklen südländischen Aussehen und den schwarzen Augen, gegenseitige Neckereien – von den Eltern wird das belächelt, teils gefördert, teils auch ungern gesehen.

Denn man hat Absichten mit den Kindern, längst schon sind sie Objekte der Heirats- und Machtpolitik, Mittel für höfische Zwecke. Für die ehrgeizige Eleonore d'Olbreuse, nach ihrem langen Weg zur

Anerkennung als Herzogin von Celle, sind die Königsmarckschen Söhne, Grafen nur, eigentlich kein Umgang für ihre Tochter, mit der sie ganz andere, höhere Pläne verfolgt und die längst schon gebunden ist.

Immerhin war die jetzt dreizehnjährige Sophie Dorothea schon zum zweiten Mal verlobt und immer mit einem Erben aus einem fürstlichen Haus. Das erste Mal als Zehnjährige hatte man sie am 2. April 1676 mit August Friedrich, dem Sohn des Dichters Herzog Anton Ulrich und Erbprinzen von Wolfenbüttel, versprochen. Die Verlobung war noch im gleichen Jahr hinfällig geworden, weil der Verlobte fiel, und zwar am 22. August im Kampf vor den Mauern der Festung Philippsburg. Seit knapp einem Jahr war Sophie Dorothea wieder verlobt, auch diesmal mit einem Erbprinzen aus einem verwandten Fürstenhaus, mit Georg Ludwig von Hannover. Und diese neue Verbindung, wichtiger Schachzug im Machtkampf der Häuser, darf nicht aufs Spiel gesetzt werden: Eleonore d'Olbreuse scheinen die jungen Freundschaften in diesem Sommer 1680 mit den Kindern des benachbarten und befreundeten, aber eben nur gräflichen Hauses Königsmarck zu weit zu gehen, und sie verbietet schließlich das fröhliche Treiben. Verstimmungen, vorzeitige Trennung, deren Grund nicht eingesehen wird, abrupte Abreise des Besuchs – Jahre später, in einem Brief, datiert vom 16. September 1692, gesteht der Graf Königsmarck der Prinzessin, er habe sie geliebt, seitdem er sie zum ersten Mal sah und immer danach, auch wenn er das damals, in seiner Kindheit, noch nicht habe ausdrücken können.

Die Königsmarcks sind ein reiches, angesehenes Geschlecht, begütert in Schweden, Bremen-Verden, Pommern und Estland. Der Großvater, im Dreißigjährigen Krieg unter schwedischen Fahnen zum General und Feldmarschall aufgestiegen, war seit König Gustav Adolfs Tod einer der vier großen Heerführer der Europa verwüstenden und ausplündernden Armeen. Reiche Kriegsbeute fiel ihm zu, namentlich bei der Erstürmung der Prager Kleinseite im Juli 1648, reiche Schenkungen an ausgedehntem Gutsbesitz durch die verschwenderisch freigiebige schwedische Königin Christine – für den Condottiere Hans Christoph Königsmarck (1600—1663) war der Dreißigjährige Krieg ein gewinnbringendes Geschäft, ein märchenhafter Aufstieg zu Macht und Reichtum von fürstlichem Ausmaß. Südlich von Stade, mit weitem Blick vom Geestrand über die Elbe, damals schwedisches Gebiet, erbaute er sich das prächtige Schloss Agathenburg.

Sein Sohn wird schwedischer Reichsfeldzeugmeister und Vizegouverneur von Bremen-Verden. Als 1665 dessen zweiter Sohn Christoph Philipp in Stade geboren wird, bittet man keinen geringeren als den Welfenherzog Christian Ludwig zu Gevatter.

Doch der Vater des Täuflings stirbt früh, die Mutter zieht mit den noch unmündigen Kindern nach Hamburg, der so schnell gewonnene Reichtum der Familie zerrinnt. Thronwechsel in Schweden: Der neue König Karl XI. beginnt, die von seiner Vorgängerin so reichlich verschenkten, ja verschleuderten Güter der Krone wieder einzufordern; seine so genannte Domänenreduktion reißt von Jahr zu Jahr größere Löcher auch in die Besitzungen der Königsmarcks. Der verbleibende Rest ist bald verschuldet, teils verpfändet oder umstritten.

Im Kontrast zum schwindenden Besitz der Stolz des Geschlechts, das sich den Fürsten Europas ebenbürtig dünkt. Leit- und Vorbild der Familie ist und bleibt der Großvater, der große Soldat, Kriegsheld, Haudegen und Heerführer. Ein Onkel bringt es zum venezianischen Feldmarschall, zum Befehlshaber der Landtruppen Venedigs in Griechenland.

Entsprechend ist die Ausbildung der beiden Brüder Königsmarck: Erziehung zum Kavalier, Hofmann, Soldaten als Vorbereitung für die Offizierslaufbahn. Französisch, Tanzen, Fechten, Reiten – das sind die Ausbildungsfächer, obligatorisch ist die große Kavalierstour ins Ausland an fremde Höfe; kein gelehrtes Stubenhockertum, nur das Nötigste an Schreiben und Rechnen, etwas Latein, das Schwedische, schon zu mühsam, wird nie erlernt.

Im Herbst 1680, bald nach dem so enttäuschend abgebrochenen Besuch am Hof in Celle, schickt die Gräfin ihre beiden Söhne Karl Johann und Philipp Christoph mit einem Hofmeister nach Oxford, und zwar im Gefolge des Pfalzgrafen Karl, der der dortigen Universität einen Staatsbesuch abstattet. Schon am Tage der Ankunft wird Philipp Christoph, zusammen mit einigen anderen Herren des Gefolges und dem Pfalzgrafen selbst, zum Ehrendoktor der Medizin ernannt. Im folgenden Sommer unternehmen die Brüder eine große Reise durch die Häfen der englischen Süd- und Westküste. Im Winter in London verkehren sie bei Hofe. König Charles II. hört sich bei ihrer Rückkehr den Reisebericht dieser hoffnungsvollen jungen Kavaliere mit sichtlichem Wohlwollen an. Philipp Christoph wird die Ehre zugedacht, die Prinzessin Anna auf einer Reise nach Schottland zu begleiten. Dann die Aufnahme in die Akademie des Mr. Foubert in der Londoner Regentstreet, eine international bekannte Erziehungsanstalt für junge Edelleute aus allen Ländern Europas. Bei Besichtigungen dieser Akademie durch den König darf Philipp Christoph mehrmals vorreiten, er ist ein hervorragender Reiter. Leider wird nichts aus der Reise nach Schottland, eine Fußverletzung hindert Königsmarck daran.

Das glänzende Leben junger Hofkavaliere, der Anspruch eines international renommierten Geschlechts: Schon bald reicht das Geld nicht aus, die 2500 Taler jährlich, die jedem Sohn zur Verfügung stehen, sind schnell ausgegeben. London ist ein teures Pflaster, 1000 Pfund Sterling, das heißt 6666 Taler, die brauche man, so ein empörter Brief nach Hause an die Mutter, um hier eines Königsmarcks würdig zu leben. Gleichzeitig Klagen des Hofmeisters: die jungen Herren seien in schlechte Gesellschaft geraten, Spielschulden, Weiberaffären. Abschüssige Wege, man gerät auf die schiefe Bahn. Die Mutter zu Hause schiebt alles auf die mangelnde Erziehung und Aufsicht durch den Hofmeister. Seine falschen pädagogischen Grundsätze seien allein schuld am unsoliden Lebenswandel der beiden Jünglinge aus gutem Haus. An die Söhne selbst richtet sie nutzlose moralisierende Lebensweisheiten und Ermahnungen: *„Gott steh Dir bey, auf daß Du stehts den weg der Tugend bei Dir praevalieren lassest ... So hast Du Dir Gottes und Deiner Mutter Segen."*

Doch die Sache ist längst ernster, als man sich in Stade und Hamburg ausmalen kann. Die Söhne sind in einen Gesellschaftsskandal von europäischen Ausmaßen verwickelt, einen Mordfall, der Europa erregt. Auf offener Straße ist am 13. Februar 1682 in Pall-Mall von drei gedungenen Banditen ein reicher Mann erschlagen worden, ein Mister Thomas Thynne aus Longleat in Wiltshire, der in der Londoner Society nur „Tom of the ten thousand" genannt wurde – so hoch war, stadtbekannt, sein Einkommen. Der eigentliche Anstifter des Mordes soll der Bruder, Karl Johann von Königsmarck, sein. Sein Motiv: die Hand einer von ihm verehrten und begehrten Dame freizumachen, der Lady Ogle, einer von ihrer Verwandtschaft heimlich mit Thynne verheirateten Witwe von nur 15 Jahren. Die gedungenen Täter werden sofort gehängt, Karl Johann von Königsmarck in Haft genommen.

Philipp Christoph distanziert sich von allem in einem eiligst und auf Englisch geschriebenen Brief an einen der Großen bei Hofe. Auch der Bruder bestreitet natürlich die Tat und setzt in Schweden und in Frankreich alle Hebel in Bewegung, wieder freizukommen. Der Einfluss der Familie, ihr Name, ihre internationalen Beziehungen in höchsten Kreisen haben schließlich Erfolg: Karl Johann wird aus England ausgewiesen, diplomatische und gesellschaftliche Rücksichten sind seine Rettung. Er flüchtet nach Frankreich, nach Paris, dort tritt er in französische Kriegsdienste. Der Bruder Philipp Christoph folgt ihm im Mai 1682. Ein Sommer in Paris und Versailles, dem Mittelpunkt der damaligen höfischen Welt. Das Leben dort ist verlockender noch als in London. Kaum Besserung im Lebenswandel, allenfalls ist man etwas vorsichtiger geworden. Der Hofmeister schickt erneute Klagen nach Haus über das verschwenderische Treiben. Immer weniger reicht das Geld. Wieder Spielschulden, sehr beträchtliche, zu Hause weigert man sich, dafür aufzukommen. Philipp Christoph versucht schließlich, auch ohne Zustimmung der Familie an Gelder aus dem Familienbesitz zu gelangen. Streit mit der Verwandtschaft und ihren Ansprüchen. Die Mutter ist sogar gezwungen, deswegen mit dem eigenen Sohn vor dem schwedischen Hofgericht zu prozessieren.

Finanzielle und familiäre Schwierigkeiten, aber glänzende Erfolge bei Hofe: Dem jungen Kavalier stehen in Versailles alle Türen offen. Seinem Onkel Otto Wilhelm, dem venezianischen Feldmarschall, überbringt Philipp Christoph bei seiner Rückkehr nach Deutschland die ganz persönlichen Grüße des Sonnenkönigs und auch der Herzogin von Orléans, der Liselotte von der Pfalz.

Ganz anders Leben und Erziehung der jungen Sophie Dorothea am Hof in Celle. Keine große Welt, nur Provinz; nicht die Tochter aus angesehenem Haus und dessen Anspruch, sondern die Außenseiterin mit Stellung am Rande, illegitimes Kind zuerst nur, natürliche Tochter des Herzogs mit einer Landfremden, der Mätresse en titre, die, eher obskurer Herkunft, sich dann auf Betreiben ihres fürstlichen Liebhabers Frau von Harburg nennen darf. Die Welt des Hofes nicht als angestammte Herkunft und Heimat, sondern als Wunsch, als Ziel der Mutter, das erst noch erreicht werden muss. Von Anfang an ist Sophie Dorothea dabei Objekt, über das man bestimmt, nicht bestimmende Mitspielerin, sondern Unfreie in einer Rolle, die mit ihr gespielt wird.

Als Tochter und potenzielle Erbin ist sie für die Mutter Pfand und wichtigstes Kapital im Kampf um Standeserhöhung und höfischen Aufstieg: 1674 – Sophie Dorothea ist acht Jahre alt – erhält die Mutter Eleonore d'Olbreuse durch kaiserliches Patent für sich und die Tochter den Rang einer Reichsgräfin mit der Zusicherung von Titel und Wappen einer geborenen Herzogin von Braunschweig-Lüneburg für den Fall, dass die Tochter sich in ein altfürstliches Haus vermählen würde. Deshalb die so frühe Verlobung der erst Zehnjährigen mit fürstlichem Geblüt aus dem Hause Wolfenbüttel, darum, nach dem plötzlichen Todesfall, die schnelle Verlobung und dann Verheiratung der Sechzehnjährigen mit dem Erbprinzen von Hannover.

Aber auch nach dem Aufstieg der Mutter zur Herzogin von Celle durch Heirat mit Georg Wilhelm – immerhin ein für die höfische Welt geradezu skandalös geglückter, alle gottgewollten Standesschranken durchbrechender Vorgang – bleibt der Makel der Geburt. Legitimiert ist eben nicht dasselbe wie legitim – die neue Stellung am Hofe, je nach Blickwinkel, aufgezwungen oder angemaßt, in jedem Fall Verstoß gegen Herkommen und Tradition, argwöhnisch beobachtet mit Empörung, Neid oder Misstrauen trotz Rangerhöhung und äußerem Glanz.

Mehr noch: trotz fürstlicher Erhöhung tiefste Demütigungen. Um das sechzehnjährige Heiratsobjekt *„Tochter der Olbreuse"* dem adelsstolzen hannoverschen Haus als bittere Pille schmackhaft zu machen, muss es vergoldet werden: neben der Bürgschaft für die Nachfolge in Celle auch noch durch Zahlung einer jährlichen Rente von 50 000 Talern an den Schwiegervater Ernst August, dazu eine Heiratssteuer von 150 000 Talern und eingenommene Subsidiengelder aus dem letzten Krieg. Nicht die Person zählt, nicht die Schönheit, die sie besitzt, nicht Geist, Können, Wissen oder Esprit, nur das zählt, was sie einbringt, allein Geldwerte sind gefragt. Keine Frage auch nach ihren Wünschen als Mädchen oder Frau. Der Bräutigam ist alles andere als attraktiv, steif, kalt und geistig unbeweglich, blutsverwandt allerdings mit dem englischen Königshaus und als möglicher Thronerbe dort im Gespräch. Gefeilsche und unwürdiger Handel: Hannover versucht, den Preis noch höher zu schrauben. Erst als von Celle noch ein anderer Bewerber ins Spiel gebracht wird, Prinz Heinrich Casimier von Nassau, mäßigen sich die Geldforderungen, willigt man schließlich notgedrungen und gezwungenermaßen ein in die eigentlich ungewollte Hochzeit, der, das zweifellos wichtigere Ereignis, am 24. Oktober 1682 die Abschließung des Ehekontraktes vorausgegangen ist. Die Hochzeit selbst, am 2. Dezember 1682 in Celle, wird demonstrativ ohne das traditionelle Gepränge des Hauses Hannover gefeiert.

Kurz danach, Mitte Dezember, trifft Philipp Christoph von Königsmarck, aus Paris kommend, in Celle ein auf der Durchreise zu seinen Besitzungen in Norddeutschland. Noch sind die Überreste, die Nachwehen des Hochzeitsfestes zu spüren. Die Jugendfreundin Sophie Dorothea hat Celle gerade verlassen als Erbprinzessin von Hannover und mit ihren Kammerfrauen von dem Knesebeck und de Brion. Wie früher schon: Enttäuschung, die baldige Kurprinzessin von Hannover, dann vielleicht Königin von England ist noch weniger ein Umgang für den Grafen Königsmarck. Er bleibt noch bis Anfang Januar 1683 in Celle, aber Schloss und Hof sind für ihn leer.

Königsmarck ist jetzt achtzehn Jahre alt, ausgebildet in den Tugenden und Fähigkeiten eines Hofmanns, im Reiten, Fechten, Jagen. Er trägt einen großen und bekannten Namen, aber spürt auch dessen Grenzen. Welche Möglichkeiten bieten sich ihm? Rückzug in die Provinz auf ererbten Besitz, Verwaltung der gefährdeten Familiengüter? – Unersprießliche, langweilige Aussichten! Leitbild seines Lebens ist und bleibt der Großvater, der Heerführer, Haudegen und Held. Und man schreibt das Jahr 1683: Die Türken stehen vor Wien. Angriff der Heiden auf das Abendland, Verteidigung christlicher Werte, aber auch Ruhm und Ehre locken, Kriegsbeute und Abenteuer. Freiwillige aus allen europäischen Ländern strömen nach Wien, auch Königsmarck bewirbt sich im Sommer um Kriegsdienste gegen die Türken. Die Equipierung, die Anreise verzögert sich allerdings, zur Befreiungsschlacht vor Wien kommt er zu spät. Ein langes Winterquartier, dann, im Sommer 1684, ein neuer Feldzug: Die christlichen Heere stoßen den geschlagenen Türken noch bis weit nach Ungarn hinein hinterher. Reiten und siegreiche Gefechte in den Ebenen der Donau, fette Kriegsbeute, Philipp Christoph von Königsmarck an der Seite des ruhmreichen Prinzen Ludwig Wilhelm von Baden, des „Türkenlouis". Als dessen Volontär und Adjutant nimmt er von Juli bis Oktober an der Belagerung von Ofen teil. Harte Kämpfe gegen ein türkisches Entsatzheer, von Mann zu Mann, den Degen in der Hand, im mannshohen Busch, Pfeilschüsse der Janitscharen, die ihn nur um Haaresbreite verfehlen. Die Türken jagen wildgemachte Kamele in die Reihen der christlichen Reiterei, Verwirrung auf Leben und Tod. Der Pascha von Ofen, teuflisch und brutal, hält eisern die Festung mit 10 000 Mann Besatzung, als Unterhändler gesandte türkische Gefangene lässt er vor den Augen der christlichen Belagerer auf den Wällen enthaupten. Die Kämpfe ziehen sich hin; Krankheiten,

Seuchen, Mangel an Lebensmittel und Munition schwächen die christlichen Truppen, die Malaria wütet – Jahre später noch klagt Königsmarck immer wieder über kurze Fieberanfälle.

Im Oktober muss die Belagerung abgebrochen werden, im nächsten Jahr die gleichen Kämpfe, zwei Jahre später erst der Sieg über Ofen. Philipp Christoph ist inzwischen Oberst eines Kürassierregiments im kaiserlichen Dienst. Reiche Beute, Gefangene: Ein türkisches Zelt findet sich später in seinem Nachlass, wertvolle orientalische Waffen, schöne türkische Sklavinnen fallen ihm zu, eine von ihnen, Fatima, schenkt er der Schwester Maria Aurora.

Zwei Jahre später ist Ungarn erobert, der Krieg zu Ende, die kaiserlichen Regimenter werden kassiert, Philipp Christoph von Königsmarck wird stellungslos. Wieder stellt sich die Frage: was tun? wohin?

Zurück auf die Familiengüter in Norddeutschland. Auf der Reise dorthin Zwischenstation in Hannover: Der dortige Erbprinz ist jetzt ein Bekannter aus dem Feldlager. Empfang bei Hofe, man feiert gerade Karneval. Am 29. Februar 1688 große Maskerade: Lampen, Lichter, Musik, Wiedersehen und Erinnerung, verstohlene Blicke, ein Paar dunkle Augen, die aufblitzen, hingeworfene und aufgefangene Gesprächsfetzen, man kommt sich näher beim Tanz und verliert sich wieder, am Arm eines anderen.

Die Jugendgespielin, die Erbprinzessin Sophie Dorothea, ist längst Mutter zweier Kinder: ein Jahr nach der Hochzeit, wie es sich gehört, ein Sohn, der

Thronfolger, im letzten Jahr eine Tochter, die ihren Namen trägt.

Es bleibt nicht bei diesem einen Fest im Karneval des Jahres 1688: neue Maskeraden, Opernaufführungen, Redouten. Da ist die Gräfin Platen, zwanzig Jahre älter, die dem jungen Königsmarck schöne Augen macht, aber nicht nur ihm. Er erzählt vom Ungarnfeldzug, ist bewunderter, strahlender Kriegsheld, dann wieder von weitem die Prinzessin, man beobachtet sich, dazwischen Männergespräche, auch mit dem Erbprinzen: Erkundigungen über einen möglichen Eintritt in hannoversche Dienste, das Kommando über die Gardekompanien soll frei sein.

Hofklatsch und Gerüchte: Die Erbprinzessin kann ihren Gatten nicht ausstehen und ist in Hannover todunglücklich. Der Stolz des altfürstlichen Geschlechts, die unüberwindliche Abneigung der Schwiegermutter Sophie gegen die Celler legitimierte Tochter einer Mätresse en titre, niederer französischer Provinzadel nur, Hugenotten, eigentlich keine Partie für den Sohn. Ihre Mutter dagegen Tochter eines Königs, Jacobs I. von England, sie, Sophie, Briefpartnerin der Schwägerin Ludwigs XIV. von Frankreich und des Philosophen Leibniz. Eitel und oberflächlich soll sie sein, diese Erbprinzessin Sophie Dorothea, schön und berechnend wie ihre Mutter, die man hier, wenig schmeichelhaft, nur als *„beau morceau de chair"* bezeichnet, Georg Wilhelms schönes Stück Fleisch. Der Erbprinz wirklich grob und roh, unverhohlen seine Mätressenwirtschaft: die Gräfin Schulenburg, auch, so wird gemunkelt, Maria Aurora von Königsmarck, die Schwester. Die Platen, die jedem schöne Augen macht, ist Gattin des ersten Ministers und Mätresse des Vaters, des Herzogs Ernst August, sie sei die eigentliche Drahtzieherin an diesem Hofe, mächtig, schön und gefährlich. Ihre Tochter, hübsch, eine gute Partie, wohl des Kurfürsten natürliches Kind. Dazu die seltsame Rolle, die einige Italiener am Hofe spielen, Günstlinge des Kurfürsten: als Pagen, Reisebegleiter, Hofpoeten, Opernausstatter, Architekten, immer lustig, immer verschuldet, zu allem und nichts zu gebrauchen, für alles zu haben. Willkürliche, wechselnde Gunstbezeigungen. Auch die Erbprinzessin war vor Jahren in Italien – allein und ohne den Erbprinzen, und das bei den Erziehungsprinzipien der Mutter ... In Gängen und Korridoren hört man so manches und man lernt: Die Wände haben Ohren.

Gemeinsame Erlebnisse auf Festivitäten des Hofes, die festliche Aufführung einer Oper von Quinault und Lully *„Les Festes de l'Armour et de Bacchus"*. Man ist weit voneinander getrennt, in der Loge die Prinzessin, unten, stehend, Königsmarck. Und doch: Man sieht und fühlt dasselbe, der anzügliche Titel, auf der Bühne, bunt und pathetisch agieren Figuren, mit denen man sich identifizieren kann. Politische und dynastische Interessen und Intrigen, die mit individuellen Leidenschaften zusammenprallen. Unerfüllte Liebe, Liebende durch Politik und Krieg getrennt, Versuchungen, Abenteuer und Triumph der Beständigkeit. Zwei Tage später wieder eine Oper von Quinault und Lully *„Cadmus und Hermione"*. Der gleiche Effekt: auch hier Leidenschaft und Liebe,

Gnade und Ungnade des Herrschers, Ständeschranken, Krieg, Entführung und erzwungenes Verlassen. Die erwiderte, aber immer wieder getrennte Liebe, die Liebe, die nicht sein darf, Hoffnung und Wechsel der unbittlichen, aber launenhaften Fortuna ...

Alles Unsinn, Einbildung, Fantasie und Gaukelwerk – die Realitäten sind anders. Königsmarck reist ab aus Hannover, es ist Aschermittwoch, weiter nach Holstein. Es geht um Lebens- und Existenzsicherung. Die Verschuldung der Familienbesitztümer wird immer drückender, er braucht Geld, eine einträgliche Stellung oder eine reiche Heirat oder beides.

Die Königsmarckschen Güter liegen in Wulfenhagenerhütten, Nehmten, Perdöl, Gönnebeck und in Eppendorf bei Hamburg. Nachbar und nächstgelegener Gutsherr ist ein Graf Rantzau, der dänische Statthalter in den Herzogtümern Schleswig und Holstein. Einladungen, der umliegende Adel trifft sich auf dem Besitz des Grafen, Bälle, Sommernachtsfeste im Park. Graf Detlev von Rantzau ist reich, sehr reich, seine Güter sind nicht von der Einziehung durch die schwedische Krone bedroht, Graf Rantzaus Tochter, einziges Kind, ist eine der reichsten Erbinnen des Landes.

Der junge Königsmarck, der die Höfe von London, Versailles und Hannover kennt, der Kriegsheld aus den Türkenkriegen, ist hier, in dieser Provinz, der Schwarm der jungen Damen. Und dieser weltgewandte Kavalier ist keinem Liebesabenteuer abgeneigt. Die Komtess Rantzau, achtzehn Jahre alt, ist hingerissen. Man trifft sich, schreibt sich bald glühende Liebesbriefe, noch im Herbst dieses Jahres 1688 findet die Verlobung statt. Alle Probleme scheinen sich zu lösen: reiche Heirat, Sicherung des Familienbesitzes, Grundherr in Holstein – die Zukunft liegt klar vor Augen. Am 3. November beglückwünscht, überschwenglich, die Schwester Maria Aurora den Bruder zu seiner glücklichen Wahl. Doch die Verlobung hält nicht lange, sie geht schon Monate später, noch im selben Jahr, wieder auseinander. Die Gründe? – Auch hier verschlungene Schicksalswege der wenigen Dokumente dieser Liebe noch Jahrhunderte später: ein Bündel Briefe der Komtess Rantzau an Königsmarck, *„welcher sich mit ihr verlobt hatte, sie aber sitzen ließ"*, so die verblichene Aufschrift, fand sich erst Mitte des 19. Jahrhunderts im Geheimfach eines Schrankes aus dem Nachlass Königsmarcks trotz Versiegelung, Beschlagnahme und Durchsuchung seiner Wohnung durch die hannoverschen Behörden.

Die Vermutung, dass die wahren Gründe für die Entlobung am Hof in Hannover zu suchen sind, erscheint keineswegs abwegig: Seit Oktober 1688 verhandelte Philipp Christoph von Königsmarck mit dem Herzog Ernst August über seinen Eintritt in den hannoverschen Militärdienst, am 1. Juli 1690 schreibt er seinen ersten – erhaltenen – Brief an die Prinzessin Sophie Dorothea, zehn Tage später, am 11. Juli, stirbt die junge Komtess Rantzau, genau am Tage ihres zwanzigsten Geburtstags.

Vor dem Dienstantritt in Hannover Familienangelegenheiten, die sich immer wieder um Geld drehen,

Familienrücksichten, die auch den persönlichen Einsatz fordern. Der Onkel Otto Wilhelm, der venezianische Feldmarschall, hatte im Sommer 1687, als Venedig in die Türkenkriege eingriff, den ganzen Peleponnes erobert, auch Athen eingenommen und so erneut dem Namen der Familie Königsmarck zu Ruhm und Ehre verholfen. Im Jahr darauf stirbt er vor Negroponte, Opfer einer Lagerseuche. Fast gleichzeitig findet auch der Bruder Karl Johann, inzwischen in gleichen Kriegsdiensten, dort sein frühes Ende.

Ihre sterblichen Überreste werden auf dem Seeweg nach Venedig überführt, Philipp Christoph kommt die Pflicht zu, sie in die Heimat zu holen, in die Familiengruft nach Stade. Im Winter 1688/89 darum eine mehrmonatige, in dieser Jahreszeit sehr beschwerliche Reise nach Venedig, auf der Rückreise in Tirol wird man, alle Flussübergänge sind unpassierbar, von der Schneeschmelze wochenlang festgehalten.

Im Mai 1689, nach der Beisetzung von Oheim und Bruder in Stade, reist Philipp Christoph dann nach Hannover und übernimmt das Kommando der zwei Gardekompanien. Schon bald darauf, im August, der erste Kriegseinsatz: Königsmarck begleitet mit seiner Garde als Leibwache Herzog Ernst August auf dem Feldzug gegen die Franzosen am Mittelrhein. Am 6. September, beim Sturm auf Mainz, eine leichte Verwundung, nichts Ernstes. Philipp sei, schreibt seine Tante, die Witwe des Feldmarschalls, in einem Brief vom 22. September, *„ein wenig am Schenkel beim Sturm blessiert worden, jedoch sonder Gefahr, da andere zu beiden Seiten neben ihm gefallen“*.

Im November befindet sich Königsmarck im Winterquartier und schon wieder auf einem anderen Kriegsschauplatz, in Flandern. Im Dezember eine kurze Reise nach Hamburg, wieder Familienangelegenheiten, im Frühjahr zurück in Flandern, im Sommer Feldlager bei Ath.

Aus Ath, am 1. Juli, ein Liebesbrief an die Prinzessin Sophie Dorothea, der erste, der erhalten ist. Anspielung auf ein Versprechen: In Herzensnot bettele er, Königsmarck, ihr Sklave, um einen Brief von ihrer *„unvergleichlichen"* Hand als Trost, um ihn zu retten, und als Probe auf das, was sie versprach. Er wage nicht, von seiner Leidenschaft zu reden ...

In korrektem Französisch, in fehlerloser Orthographie dieser und auch noch der nächste Brief, vielleicht mit Nachhilfe eines gelernten Schreibers; der dritte Brief dann ist von ihm allein verfasst, geschrieben wie gesprochen, direkt und unmittelbar und voller Rechtschreibfehler: *„Can je vous auray entre mes bras, que de baisés vous donneraje poin!"* Danach, auf deutsch, Verse, ein Liebeslied:

„Hast du mein Hertz gestolen
So behalt es jetzunder auch,
Ich mags nith wieder holen
Dieweil ichs nicht mehr brauch
den bey mir
wirt es nicht bleiben konnen,
Weil es allezeit ist bey Dir."

Schließlich die Hoffnung, am kommenden Sonntag, man schreibt inzwischen den Februar 1691, die Prinzessin in Hannover oder Braunschweig zu sehen – *„votre eternel serviteur"* ...

Es beginnt, hat längst begonnen, eine Liebesgeschichte in der Welt des Hofes, eine verbotene Affäre, individuelle Leidenschaften im Konflikt mit dynastischen und politischen Interessen – wie in der höfischen Oper, im heroischen Liebesdrama, im galanten Roman. Was man viele Male gesehen, gehört und gelesen hat, in Geschichten, Liedern und Arien, auf der Bühne und im Buch: die immer gleiche Handlung, die gleiche Konstellation der Personen, die gleiche Dramaturgie: *„Sie konnten zueinander nicht kommen."* Unerfüllbare und unerfüllte Liebe – die alte Geschichte, Konvention und Gemeinplatz. Liebe und Machtpolitik: Was die Liebe bindet, muss die Politik trennen. Die unerreichbare Geliebte, der ferne Liebhaber, die Liebenden durch Länder, Meere und Kriege getrennt, doch durch Versprechen ewig verbunden, Gefangene ihrer Leidenschaften und das von außen drohende Geschick.

Aber hier, für Königsmarck und für Sophie Dorothea, das Irritierende, das die Liebenden selbst irritiert: Alles ist Wirklichkeit und kein Roman oder Theaterstück, alles ist selbst erlebte Wirklichkeit. Auch was wie Illusion erscheint, hat reale Konsequenzen.

„Cela ressemble bien un roman", schreibt Königsmarck der Prinzessin nach heimlichen *„embrassades divine"*.

Alles gleicht einem Roman, und man gibt sich Namen, die Romanfiguren sind. „*Leonisse*" nennt Königsmarck zärtlich die Prinzessin, Figur aus dem Roman „*Jean de Bourbon*" von Madame d'Aulnoy, oder man nennt sich „*Chevalier*" und „*petite Louche*", und wie diese Figuren eines anderen Romans verspricht man zu handeln.

Wie im Roman: die Dame unerreichbar und vollkommen, Kurprinzessin von Hannover, verheiratet mit dem Thronfolger und Erben. Der Liebhaber nicht entfernt ebenbürtig, kaum kreditwürdig und mit hohen, sehr realen Schulden. Sie ist eine Gefangene des Hofes und er des Militärs: Jeder Krieg trennt die Liebenden. Wie im Roman auch Personal und Handlung: die Vertraute, die ins Geheimnis eingeweihte Helferin, Eleonore von dem Knesebeck, die böse intrigante Gegenspielerin Gräfin Klara Elisabeth von Platen. Nicht wie im Roman ist nur die reale Gefahr der Entdeckung und Enttarnung.

Wirklichkeit und Dichtung, die sich verschränken. Vorausdeutung und Ahnung kommenden Unheils, nicht vom Dichter fingiert und im Wissen um das Ende eingesetzt, sondern selber erlebt – und doch der Dichtung entnommen. Im vierten der erhaltenen Briefe schreibt Königsmarck der Prinzessin ein zweites Gedicht. Es ist dies in eigener Schreibweise und geringfügig abweichender Diktion die letzte Strophe von Benjamin Neukirchs „*Er liebet ohne Hoffnung*". Ein abgeschriebenes, vielleicht auswendig gelerntes Barockgedicht – und doch: Das fremde Gedicht sagt und spiegelt exakt die wirkliche Situation Königsmarcks, ist dichterische Prophezeiung dessen, was sich real ereignen wird:

„Und also liebe ich mein Verderben
Und häge ein feuer in meiner brust
Daran ich doch zu lest mus sterben.
Mein Unterganck ist mir gar wol bewust;
Das magts ich habe lieben wollen,
Was ich viel mehr anbäten sollen.“

Das eigene, noch offene Lebensschicksal als literarisches Zitat. Wirklichkeit wird als Gedicht erlebt, und das Gedicht wird Wirklichkeit.

V. Eine „affaire serjos“

Es war wohl der Karneval des Jahres 1691, der Königsmarck und die Prinzessin Sophie Dorothea, die sich von Jugend auf kannten, zu wirklich Liebenden werden ließ. Eine Festnacht am Hofe, eine Begegnung, vielleicht auf einer Maskerade, Heimlichkeit und ein Versprechen: Was hier geschehen ist, verändert das Leben, es gibt kein Zurück mehr. Dieses erste Mal, *„da sie ihn bei sich eintreten ließ und ihm den Himmel öffnete“*, schreibt Königsmarck im Rückblick am 8. Oktober 1693, *„das war das Schicksal“*.

Mit der Konsequenz einer höfischen Roman- oder Opernhandlung durchläuft diese Liebe nun Höhe- und Wendepunkte, Hoffnungen, Gefährdungen und Erfüllungen – nur ohne das glückliche Ende. Denn das lässt die Wirklichkeit, die reale Welt des Hofes, nicht zu.

Die Welt des Hofes als Szenerie und Personal: in sich geschlossen, hierarchisch geordnet, abgezirkelt nach Stand, Etikette und Zeremoniell. In der Mitte die Figur des Herrschers, darum herum wie Planeten um die Sonne die Mitglieder der fürstlichen Familie, darunter, noch im inneren Kreis, Hofdamen und Höflinge, Minister und andere Amtsträger aus adligen Familien, dann, im äußeren Kreis, das adlige Offizierskorps und Besucher von anderen Höfen: Ein überschaubarer, wenn auch ständig flukturierender Kosmos von etwa 50 bis 80 Personen ist dieser Hof mit wechselndem Aufenthalt in Stadt- und Jagdschlössern auf dem Lande, in täglichem Umgang, meist Zimmer an Zimmer lebend, jeder kennt jeden, jeder kennt die intimsten Verhältnisse aller anderen, nichts bleibt hier Geheimnis. Über die Zugehörigkeit zu dieser Welt entschied allein die Geburt, über die augenblickliche Stellung in ihr entscheidet allein die Gunst des Herrschers. Er verleiht Macht und verteilt und entzieht Einfluss und Rang nach persönlicher Gunst und Laune. Nur so macht man sein Glück oder stürzt in Ungnade, über Aufstieg und Fall entscheiden Intrigen und Kabalen, Freundschafts-, Feindes- oder Interessenbünde. Und der erotische Reigen, das Bäumchen-wechsle-dich-Spiel ist Mitte und Herz dieser Welt, hält sie in Schwung und Bewegung. Höhepunkt ist jeweils das höfische Fest. Jedes Fest ist Selbstdarstellung und Zurschaustellung von Reichtum und Überfluss, jedes Fest ist auch höfische Machtdemonstration mit der Aufhebung des Alltags im Rausch des Vergnügens, ist Durchbrechung der gewohnten Lebensordnung durch das Außerordentliche, was sich – im Karneval – steigern kann zur Durchbrechung auch des sonst moralisch Normierten. Toleriert ist dann vieles – allemal beim männlichen Geschlecht, doch auch das weibliche hat seine

Freiheiten, solange – wie bei jedem Spiel – bestimmte Regeln nicht durchbrochen werden. Und eine, wenn nicht die oberste dieser Spielregeln lautet: Galanterie und Liebelei – ja; allemal der Flirt und eine *„petite galanterie à la mode"*. Aber niemals die große Liebe, die den Partner ganz will, allein und für immer, niemals die Liebe, die sich selber genug ist, die es ernst meint mit der Zweisamkeit und sich der Gesellschaft entzieht, keine *„affaire serjos"* wie Königsmarck das nannte und schrieb. Die ewig Liebende, der Geliebte, der für die eine alles opfert, das sind die ärgsten Verstöße, so handeln nur Spielverderber im höfischen Reigen. Und noch eine zweite Spielregel ist unverletzlich: Dekorum und Geheimnis müssen gewahrt bleiben. Gerüchte ja, aber nie das Geständnis einer Gewissheit. Das innerste Prinzip der höfischen Gesellschaft, die Legitimität der Abkunft und Geburt, muss unbezweifelbar bleiben und darf niemals verletzt werden.

Niemand hat diese höfischen Spielregeln besser gewusst und besser formuliert als Liselotte von der Pfalz, die Herzogin von Orléans und Mitspielerin am Hofe Ludwigs XIV., des Sonnenkönigs. Und was sie in einem Brief an die Kurfürstin von Hannover, datiert vom 13.2.1695, schreibt, bezieht sich mit Schuldzuweisung und Lehre sogar direkt auf die Liebe der Prinzessin Sophie Dorothea zu Königsmarck:

„Wie kan die Hertzogin von Zelle glauben, daß ihre dochter nicht unglücklich werden würde mitt solchen maximen wie sie sie erzogen hatt, den welchen herren findt man in der Welt so allein seine gemahlin liebt, und nicht was

andreß es seye maitressen oder buben dabey hatt, sollten deßwegen ihre gemahlin auch so übel leben, könte ... niemandt sicher sein, daß die kinder im hauß, die rechten erben wehren, weiß dieße hertzogin nicht daß der weiber ehre daran ligt mit niemandes alß ihren mänern zu thun haben, und daß den maner keine schande ist, maitressen zu haben, aber woll hannereyen zu sein, daß sie es also wenig leyden, und die weiber sich derowegen nur tausendt unglück am halß ziehen, wen sie solches unterfangen. Ihrer Dochter unglück wirdt ihr dieße warheitten nur gar zu viel lernen."

Die Liebe zu Königsmarck war eben keine *„petite galanterie"*, sondern eine *„affaire serjos"* der Kurprinzessin, der Mutter des Thronfolgers, mit einem rangniederen Offizier. Das bedeutete also von vornherein eklatanter Bruch mit den Spielregeln und ersten Gesetzen der Hofgesellschaft, das bedeutete dramatischer Konflikt mit unglücklichem Ausgang. Und es bedeutete ein Paradoxon: der Hof als größter Feind dieser Liebe und zugleich ihr einziger Ort.

Ein erstes Bündel Briefe, das erhalten blieb, 29 an der Zahl, undatiert, wohl aus dem Jahre 1692, gleich erkennbar eindeutige Dokumente einer verbotenen großen Liebe. Immer wieder darin die Bitte um ein Stelldichein am bekannten Ort, Heimlichkeiten und verbotene Treffen im Schloss: Um acht Uhr wird er, Königsmarck, einen verlässlichen Mann vor dem großen Saal postieren, wo die Prinzessin zu spielen pflegt. Da morgen Sonntag ist, geht niemand dort vorbei, sie kann den Boten dort in Ruhe empfangen. – Ihre Antwort wird derselbe Mann an der gleichen

Stelle in Empfang nehmen, in der Galerie, wenn die Prinzessin *„zufällig"* im Saal spielt. – Wenn nicht, dann ein Stelldichein bei ihm: Königsmarck wird in seinem Haus die bewusste Tür offen lassen, kein Mensch wird mehr wach sein. Oder ist das zu gefährlich? Vielleicht besser: Morgen wird sein Mann wieder vor dem Zimmer der *„bonne amy"* stehen ... Schwer zu ertragen, die Prinzessin immer nur zu sehen und nicht sprechen zu können. Dabei wäre es gestern so leicht gewesen, denn Königsmarck war im Vorzimmer und hoffte, dass *„l'Incomode"* – so die Bezeichnung für den Kurprinzen, den störenden Ehemann – sich zurückziehen würde, aber da war auch die Prinzessin schon schlafen gegangen. – Und wieder wird die Vorfreude auf eine Umarmung durch die plötzliche Ankunft des *„Incomode"* gestört, Königsmarck hatte sich schon den ganzen Tag darauf gefreut und wird auch diese Nacht schlaflos verbringen. Aber dann, unverhofft, doch noch die große Belohnung: *„Welches Entzücken habe ich in Ihren Armen erlebt"*. Rückblick auf die gemeinsame Liebesnacht: *„Dieux quelle nouit aje passé"*, Liebesbeteuerung und Zukunftsversprechen: *„Nichts kann meinen einmal gefassten Beschluss erschüttern, Sie ewig zu lieben ... man wird mich niemals hindern, Ihnen auf ewig zu gehören."*

Aber es muss eine heimliche Liebe sein und bleiben. Nichts darf bekannt werden, alles muss im Geheimen geschehen und geheim gehalten werden: heimliche Briefe, heimliche Wege, heimliche Treffen. Nicht einfach zu organisieren, dazu braucht man

Handwerkszeug und geeignete Helfer. Erstes Handwerkszeug ist die Verschlüsselung: nur wer im Besitz des richtigen Schlüssels ist, kann geschriebene Botschaften auch lesen und verstehen. Einfachste Form der Verschlüsselung: Verstellung der Handschrift und Benutzung von Decknamen, ein Code, nur dem Schreiber und dem Adressaten verständlich. Zu diesem Mittel griffen die Liebenden zuerst. Man schreibt von *„la Gouvernante"*, *„le Réformer"*, *„La Romaine"*, *„l'Incomode"*. Oder noch einfacher, fast kindlich, man maskiert Wörter durch Einkleidungen in ...illy ...illy, um sie ins Unkenntliche zu verfremden: *„illyellezilly"* etwa für Celle. Komplizierter schon, wenn einzelne Wörter durch ein Ziffernsystem für die Buchstaben verschlüsselt werden, und je komplizierter dieses Ziffernsystem, desto komplizierter auch die Entschlüsselung. Auch zu solchem Mittel griffen die Liebenden, allerdings mit einem recht einfachen Zahlencode: a = 22, b = 24, c = 25, d = 27 und so weiter. Im Sommer 1693, bei wachsender Gefahr des Entdecktwerdens, komplizierte Königsmarck das System noch eimal für die Eigennamen: einhunderter Zahlen für Männer; zweihunderter für Frauen, dreihunderter für Ortsnamen, also zum Beispiel: 107 trifft sich mit 203 in 305. Noch raffiniertere Verschlüsselung die Schrift mit so genannter *„sympathetischer Tinte"*: eine Geheimbotschaft wird zwischen unverfängliche Zeilen eingeschmuggelt, ist unsichtbar und kann nur vom Adressaten, der im Besitz einer anderen geheimen Flüssigkeit ist, sichtbar gemacht werden. Auch dieses Mittel besorgt Königsmarck, und man verwendet es. Dazu Boten, Überbringer, unauffällige, verschwiegene, denen man vertrauen kann und die unverdächtigen Zugang haben in den Räumen des Hofes. Man braucht Deckadressen, geheime Wege und Poststationen, verschwiegene Postmeister und Kuriere zur Aufgabe und zum Empfang der Botschaften, verabredete Zeichen und Signale, neutrale und feste Umschläge, undurchsichtige und fest verschließbare, ungewöhnliche Siegel, die garantieren, dass es keine unbefugten Mitleser gibt – jeder Bote ist auch ein potenzieller Mitwisser und Verräter.

Tägliche, stündliche Angst: Wehe, ein Brief kommt nicht an und geht verloren! In welche Hände ist er geraten? Was tut der falsche Empfänger oder Finder damit? Ist nicht alles längst verraten? – Aber auch die Briefe, die glücklich ankommen: Was macht man mit ihnen, wenn sie gelesen sind? Wohin damit, wo sie verstecken? Und welches Versteck ist sicher? Am besten gleich verbrennen! Aber jeder einzelne ist Dokument und Pfand auch des Geliebten, jedes von ihm beschriebene Fetzchen Papier eine Reliquie der großen, der einzigen, der unsterblichen Liebe, geliebtes Andenken an die Geliebte.

Überall lauern die Gefahren, verdächtig ist jeder. Die Welt teilt sich in Wissende und Eingeweihte und in solche, die nichts wissen und nichts wissen dürfen. Gut ist der eingeweihte Mitwisser, absolut böse der, der nichts erfahren darf, dazwischen die Unsicheren, von denen man nicht weiß, zu welcher Seite sie gehören, eine ständige Drohung.

Die Originale dieser Geheimkorrespondenz liegen, wie gesagt, heute in Archiven in Berlin und im schwedischen Lund. Insgesamt 736 erhaltene beschriebene Blätter: 73 meist längere Briefe der Prinzessin, 209 von Königsmarck.

Man schrieb Französisch, so, wie man am Hofe miteinander sprach, deutsch nur wenige Sätze und dann mit platt- und niederdeutschen Brocken durchsetzt. Aber auch das Französische, besonders bei Königsmarck, nur so, wie man es sprach – mit haarsträubender Orthographie: man hatte es sprechen, weniger schreiben gelernt.

Die Briefe der Prinzessin fast immer im gleichen Format und auf goldgerändertem Papier aus Holland und Frankreich, dem gebräuchlichsten in der damaligen vornehmen Welt. Die Briefe Königsmarcks oft in unregelmäßigen Formaten und Formen, auf kleinen Zetteln, auf abgerissenen Papieren minderer Güte, holzig meist und rau, unterschiedlich gefaltet, mit verschiedenen Deckadressen versehen – *„Mlle. de Krumbuglen“, „Mlle. Klerin“, „Pour la personne connue“* – mit Fantasiesiegeln versehen, immer Darstellungen von Herzen, ein entflammtes oder zwei miteinander verschlungene. Auch die Schrift zeigt Eile und Hast, in der die Briefe verfasst sind, an ungewöhnlichen Orten und zu ungewöhnlichen Zeiten auf irgendeinem gerade vorhandenen Papier. Zwei-, dreimal finden sich besonders heftige Liebesbeteuerungen auch mit eigenem Blut geschrieben – heute natürlich verblasst.

Die Schriftzüge der Prinzessin dagegen durchweg regelmäßig, der Norm entsprechend, nur manchmal auch hier unregelmäßig-nervöse Buchstaben- und Satzfolgen, offenbar in Erregung schnell noch hingekritzelt, Spiegelungen der äußeren und inneren leidenschaftlichen Zustände, unter denen auch hier geschrieben wurde, nächtlicherweise in Aufregung oder Ermüdung, immer aber in Sorge und Angst vor Überraschtwerden und Entdeckung.

Äußerlich und innerlich, in der Form wie im Inhalt, spiegeln die Briefe auch ganz konkret das Dilemma der Liebenden, das Paradoxon ihrer Situation: ihre außerhalb aller Gesetze, Normen und Regeln des Hofes stehende Liebe konnte einzig und allein innerhalb dieses Hofes gelebt werden, heimlich nur innerhalb seiner Räume und seiner durch Zeremoniell und Etikette bestimmten Zeiten. Es gab keine Flucht nach draußen, aus den Zwängen ins Freie, es gab keinen Urlaub vom Hofleben, kein Abwerfen von höfischem Kostüm und Konventionen, es gab – wenigstens für den einen Part, die Prinzessin – überhaupt keinerlei Aufenthalt in einem unhöfischen Bereich, nicht eine Stunde, nicht einen Tag. Es blieb für diese Liebe nur das zeitweilige und wechselnde Versteck innerhalb dieser Hofwelt, das Versteckspielen innerhalb und in ihren Grenzen und mit ihrem Personal – immer und unausweichlich mit der Drohung empfindlicher, ja tödlicher Sanktionen, denn der Hof war immer und uneingeschränkt zugleich auch die Macht des Staates. Eine Liebe wie diese war immer auch Verletzung der Obrigkeit, Verletzung der geschuldeten Treuepflicht, individuelle Leidenschaft gegen Staatsräson, sie war ein ungehöriger Skandal und das gerade und erst recht, wenn sie versuchte, diesen Raum des Hofes zu verlassen.

Von Anfang an eine verbotene Liebe, von Anfang an aber auch eine bitter-süße Liebe aus nicht nur äußeren Gründen. Seit der ersten zärtlichen Begegnung, als die Prinzessin *„ihn bei sich eintreten ließ und ihm den Himmel öffnete"*, plagt den Liebhaber tiefstes Misstrauen und heftigste Eifersucht.

Wenn sie *ihm* diese Gunst gewährte, *wem* gewährte sie diese dann noch? Die Prinzessin ist schön und macht jedem schöne Augen. Ihre Koketterie ist unausstehlich. Warum errötete sie, als Königsmarck sie überraschte? Sie hatte jemanden in ihrem Zimmer, einen Franzosen, und war *„en des habiljé"*. Da sie sich nicht ändern kann, will er, Königsmarck, sie lieber von seiner Gegenwart befreien – so einer dieser *„Liebes"*-Briefe, einer von vielen ähnlichen.

Ist die Prinzessin so leicht zu haben? Das lässt ihn nicht schlafen. Es gibt am Hofe so viele, die höher stehen als er. Man kommt aus fremden Bereichen und steht sich so fern. Die Prinzessin, lustig und lebensfroh, beteiligt sich an Schlittenfahrten und Lustpartien, doch Königsmarck kann nicht dabei sein. *„Meine Festesfreuden sind von sehr anderer Art als die, bei denen Sie brillieren: es sind die täglichen Exerzierübungen meiner Dragoner." „Alles dies"*, so ein anderer Brief, *„treibt mich in den Tod."*

Tage später dann Jubel: Er ist heute der Tischherr der Prinzessin, ihr Partner auch beim Spiel! – Doch danach: Warum dieser frostige Abschied? Die Prinzessin reist nach Celle, um dort den Karneval fortzusetzen, Königsmarck kann erst später nachfolgen: für ihre Treue hat er kein Pfand. In Celle dann ist ihr offenbar verboten worden, mit ihm zu sprechen, dabei war die Gelegenheit so günstig ... Auch heute wieder nur eine halbe Viertelstunde und nur ein flüchtiger Kuss. Sehnsüchtig erwartet er die Mitternacht. Einen so treuen Liebhaber verdient die Prinzessin in ihrer Flatterhaftigkeit gar nicht!

Eifersüchtig belauert Königsmarck jeden Umgang der Geliebten: Mit wem spricht sie jetzt wieder? Und worüber? War da nicht ein heimliches Blinzeln in ihren Augen, ein Zucken der Wimpern, verstohlen hinter dem Fächer? Und wohin ging sie noch, als sie sich schon verabschiedet hatte? *„Sie wollten in Ihren Zimmern bleiben und über meine Abreise weinen! Aber Ihre Zimmer, das war das Opernhaus, und Ihre Tränen, die kamen Ihnen, weil Sie dort zu viel lachen mussten."*

Das durchzieht die erhaltenen Briefe von Anfang bis Ende. Das steigert sich zu Vorwürfen, wütenden Vorhaltungen, gegen die sich wieder die Prinzessin verteidigen muss, auf die sie mit Gegenvorwürfen reagiert. Schließlich fordert der eifersüchtige Liebhaber tägliche Rechenschaft über das Leben der Geliebten, und diese schickt ihm eine Zeitlang täglich ihre genauen Tagebuchberichte, ohne Rücksicht auf mögliche Gefahren. Nirgends Sicherheit: nie gegen äußere Feinde, Beobachter und Spione, aber auch nicht im eigenen inneren Gefühl. Zu gefährlich ist und bleibt alles: Wie, wenn der eine das Spiel aufgibt, den anderen fallen lässt oder seine Liebe plötzlich erkaltet?

Und vielleicht ist sie das ja längst und alles schon verloren und verraten?

Außerdem ist die Prinzessin verheiratet. Das gerade zur Kurwürde gelangte Fürstengeschlecht fordert eine zahlreiche Nachkommenschaft. Wie, wenn der Kurprinz, der Ehemann, darauf drängt? Er, Königsmarck, würde es nicht ertragen! Er steht Qualen aus, wenn er sie in den Armen eines anderen weiß. Es verfolgt ihn bis in die Träume: Heute Nacht sah er Petite Louche, das ist, der Poesie entliehen, der Kosename seiner Prinzessin, mit dem Reformeur – das ist ein anderer Name für Georg Ludwig, den Kurprinzen – *„entre dos dra(p)s"*, und wie die Bewegungen des Betthimmels zeigten, spielte man nicht gerade Blindekuh. Erregt vor allem darüber, dass Petite Louche an diesem Spiel offenbar Gefallen fand, griff er beim Erwachen sofort zur Pistole, so schreibt Königsmarck, längere Zeit von der Geliebten getrennt, aus dem flandrischen Feldlager in Diest. Wieder in Hannover tituliert er sie in einem morgendlichen Billett ironisch mit *„Kurprinzessin"*, da sie in der letzten Nacht ja wohl vom Ehemann mit dieser neuen Würde *„investiert"* wurde. Vielleicht sind die ehelichen Pflichten ja reizender geworden durch diese Rangerhöhung des Hauses, gegen diese *„plaisirs elector(aux)"* werden *„les nostres"* sicher nur kümmerlich sein! Und einige Zeit später kommt dem Liebenden, als die Prinzessin des Nachts nichts als Gleichgültigkeit zeigte, der Gedanke, dass die Hoffnung, einen *„dauphin aux un elector"* zu bekommen, sie so in Eis verwandelte. Sie möge es ihm nur ruhig sagen, und dann – wieder einmal – ein Anfall tiefsten Misstrauens und rasender Eifersucht: Die Prinzessin suche doch längst nur einen Vorwand, um mit ihm, Königsmarck, zu brechen und sich dem ersten Besten an den Hals zu werfen.

Monate später wieder und immer noch dasselbe: wenn 102 (= der Kurprinz) ihr ein Kind macht, wird Königsmarck sich ertränken! Um 2 Uhr erhielt er Nachricht, dass 102 sich in den Armen der Prinzessin befindet, er, Königsmarck, ist mehr als aufgebracht, er stößt Flüche aus gegen diesen *„Lusifair“*. Wie kann sie den liebkosen, den sie hassen müsste!

Doch nicht nur der Ehemann, auch jeder Besucher am Hofe, überhaupt jeder Mann in ihrer Nähe erregt Verdacht, Eifersucht und Argwohn. *„Großer Gott, wenn ich sähe, dass Sie einen anderen mit ebensolcher Leidenschaft umarmen, wie Sie sie mir geschenkt haben, und mit ihm mit ebensolcher Lust ‚das Ross besteigen' – dann will ich verflucht sein, wenn ich nicht wahnsinnig werde.“*

„Ach, wie wenig Gewinn habe ich davon, von Ihnen geliebt zu werden, und wieviel Qualen verursachen Sie mir.“

„Welchen Anlass habe ich gegeben“, antwortet die Prinzessin, *„dass Sie eine so schlechte Meinung von mir haben? Etwa weil ich Sie mit solcher Ergebenheit geliebt habe, weil ich alle Freunde, die ich auf der Welt hatte, vernachlässigt und mich weder um die Mahnungen meiner Eltern noch um all das Unglück, das mir zustoßen kann, bekümmert habe? Sagen Sie mir selbst, was ich tun muss, um Sie von Ihrer krankhaften Eifersucht zu befreien.“*

Auch die Prinzessin glaubt Gründe für Misstrauen und Verdächtigungen zu haben. Sie hat von einem

Fest gehört, gestern Abend, das Königsmarck für 202, die Gräfin Platen, seine frühere Geliebte, gegeben hat und auch für andere Damen. Vielen Dank für solche Nachrichten! Und weiterhin Freude bei solchen Vergnügungen, die sie keinesfalls stören möchte und die eine erstaunliche Treue des Geliebten verraten! Gar nicht gerechnet die geheimen Lustpartien, die sie wohl nie erfahren wird. Wahrscheinlich läuft alles auf Versöhnung mit 202 hinaus oder auf eine neue Liebschaft. Ihr werfe er Vergnügungs- und Gefallsucht vor, flatterhaftes Leben in den Freuden der großen Welt, dabei lebe sie wie eine Einsiedlerin, während er ...

So und immer wieder zieht sich eine Stimme der Bitternis, des Misstrauens, des gegenseitigen Bedauerns und Anklagens, der Verstimmungen, ja des Streits durch den Liebesbriefwechsel, fast regelmäßig und ebenso oft wie die heftigsten Liebesbeteuerungen und Liebesschwüre, wie Versicherungen der ewigen Liebe, Versöhnungen und Treueversprechen. *„Idolo mio“*, *„emable coeur“*, *„bella dea t'adoro“*, schreibt Königsmarck, er würde Familie, Eltern, Schwestern, ja Frau und Kinder, wenn er sie hätte, verlassen, nur um seiner Liebe zu folgen. Sie, so die Prinzessin, ist wie von Sinnen vor Sehnsucht nach ihm: *„Bleiben Sie mir treu, mein Geliebter, mein ganzes Lebensglück hängt davon ab. Ich jedenfalls will nur noch für Sie leben.“ „Ich bin geboren, um Sie zu lieben, und Ihnen auf ewig zu gehören.“* Er wieder ist bereit, für sie auf alles in dieser Welt zu verzichten, selbst auf den Himmel. Nur bei ihr findet er, was einer ewigen Verbindung würdig ist. *„Adio cor mio, ich sterbe für dich, incomparable Dorothea.“* Und Dank für die Liebesnacht: welches Entzücken, *„mon dieu, was für eine Nacht!“* Die nächste kann er kaum erwarten, bis dahin herzt und küsst er nur ihr elfenbeinernes Porträt ...

Lange Pausen und Trennungen durchbrechen die bitter-süße Liebesbeziehung immer wieder. Königsmarck ist Monate in Feldlagern in Flandern, die Prinzessin mit ihrer Mutter auf einer Badereise nach Wiesbaden und zur Messe nach Frankfurt. Auch wenn beide Liebenden in Hannover sind, ergibt sich selten genug Gelegenheit: zu schwierig, zu abhängig von Zufällen sind Verabredung und Verwirklichung eines Treffens, zu unwahrscheinlich der Glücksfall des Zusammentreffens von Umständen und Wünschen – es ist und bleibt gleichsam eine Liebe auf Raten, in gestohlenen Stunden, in den Zwischenräumen und Zäsuren des offiziellen Hoflebens.

Man hat Zeichen verabredet: eine Melodie als Erkennungssignal, einen Augenaufschlag zur gegenseitigen Verständigung. Hastige Botschaften, von vertrauten Dienern und Zuträgerinnen eingeschmuggelt und untergeschoben – so gehen Billette hin und her. Nach überstürzter Reise will er, Königsmarck, übermüdet und in elendem Aufzug, sich noch heute Nacht der Prinzessin zu Füßen werfen. Er ist allein und unbemerkt in die Stadt gekommen. Er erwartet den Bescheid der Confidente – das ist das Kammerfräulein von dem Knesebeck – und eine Antwort an seinen Secretarius Hildebrand, der informiert ist. Unaussprechliche Sehnsucht nach der gewohnten Stunde und dem gewohnten Signal. – Ein Gegenbillett der Prinzessin: Sie ist nur fünf Meilen von Königsmarck entfernt, doch zwei Tage schon ohne Nachricht und todunglücklich, wenn sie ihn erst in 14 Tagen sehen soll. Dann wieder Königsmarck: er hat drei Tage Urlaub genommen. Nach ihrem Eintreffen soll sie zwei Tage bis Mitternacht an der kleinen Treppe auf ihn warten. Er wird unerkannt kommen und den Weg bis zur Geheimtreppe finden, die hinten hinaufführt. Das Signal wird ihm zeigen, woran er ist. Ein Leben wie im Roman – manchmal allerdings auch nur ein sehr reales vergebliches Warten. Von halbzwölf bis ein Uhr horchte Königsmarck auf der Straße in kalter Nacht umsonst auf das Signal. Doch ist er heute noch hier. Kann die Prinzessin das Signal de l'oeil nicht geben, so soll das andere ihm zeigen, ob er eintreten kann. *„Adieux, inhumaine Fhamme!“*

Immer wieder nur Blicke, keine Gelegenheit für Worte, mal ein kurzer Händedruck, aber selbst dies, schreibt Königsmarck, hat seine Reize: Denn man kann in Gegenwart von 1000 Leuten die geheime Sprache der Augen sprechen. Manchmal ist er so glücklich, dass er Angst hat, seine Augen würden ihn verraten. Und plötzlich deutsch, wohl ein Zitat, *„da das hertz von fol ist, davon seint die Augen die verräters“* – auch ihre Augen, gestern Abend, als er sie nur so flüchtig sah.

Ständige Angst vor Entdeckung! Tiefste Verzweiflung Königsmarcks, weil ein Billett nicht in seinen

Besitz gekommen ist. Er fand es weder in seinem Hut noch in seinen Handschuhen, obwohl die Confidente ihm zweimal das Signal gegeben hatte; fragen konnte er nicht, da Prinz Ernst zugegen war. Sein erster Gedanke: Flucht! Besser in die Ferne, um der Prinzessin von dort beistehen zu können, als wenn man ihn hier einsperrt. Überdies wurde er von Madame Görtz angesprochen, die meinte, dass er schon drei Tage in der Stadt sei und dass die Helfer seiner *„intrigue“* ihn trotz Incognito verraten würden. Noch schlimmer allerdings sein Verdacht, dass eben das auch nur eine Erfindung der Prinzessin sein könnte, um ihn loszuwerden. Darum Verhaltensmaßregeln: Confidente muss, sollte etwas herauskommen, auf Vorhaltungen zugeben, von ihm, Königsmarck, ein paar Briefe aus Flandern bekommen zu haben, Briefe per Adresse *„la Frole de Krumbuglen“*, aber keinen von hier, aus Hannover. Die Prinzessin müsse bei einem eventuellen Verhör strikt leugnen, jemals ihm geschrieben zu haben, die Confidente solle dagegen nicht bestreiten, dass die Prinzessin in diesen Briefen erwähnt wurde.

Tage später ein erneuter Schreck, vielleicht ein Schreckschuss: General Podewils warnte Königsmarck beiläufig und wie zufällig vor Beobachtern. Auf Nachfrage will er dann aber nicht recht mit der Sprache heraus, sondern deutet nur an, dass es mit Damen am Hofe zusammenhänge. Am selben Abend warnt auch Prinz Ernst August plötzlich vor längeren Unterhaltungen mit der Prinzessin. Bestürzt und unter Tränen ist er, Königsmarck, sofort aus dem Vorzimmer geeilt – so werden glückliche Momente, die *„delisses des dous momens"*, die er mit ihr, der Prinzessin, erlebte, durch finstere Sorgen beschattet. Schlussfolgerung daraus und Ermahnung: Jede Nachlässigkeit ist unser Verderben.

Also noch bessere Tarnung: Vorbereitungen für das nächste Treffen nur in *„ecriture fosse"*, das heißt nur mit durch Chiffren und unsichtbare Tinte gesicherten Brieftexten. Vielleicht auch besser, wenn er sich verkleidet? Nein, darauf die Antwort, das würde *„ruiner nos affaires pour jamais"*, denn nur durch ein Wunder könnte er unerkannt bleiben, und die geschehen heutzutage nicht mehr. Um Spuren zu verwischen oder um falsche zu legen, auch um seine Leute und andere Beobachter irrezuführen, mache er, so eine neue Tarnungsidee Königsmarcks, jetzt nächtliche *„échappades"*, er täusche so ein anderes, nicht mit der Prinzessin zusammenhängendes Liebesverhältnis vor, und die Prinzessin möge das – um Himmels willen! – nicht missverstehen.

Nur ein einziges Mal gelingt ein ungestörtes längeres Zusammensein über eine ganze Nacht und einen Tag, mehr als 24 Stunden. Das ist im Sommer 1693. Kurprinz Georg Ludwig befindet sich im Feldlager in Brabant, Königsmarck muss mit seiner Truppe in Hannover bleiben, um einen möglichen Überfall der Dänen abzufangen. Als das so lang ersehnte und geplante Liebestreffen dort wieder vereitelt wird, weil der Hof sich mit der Prinzessin in die Waldeinsamkeit des Jagdschlosses Linsburg zurückzieht, wagt Königsmarck alles. *„Morgen abend am Stelldichein mit dem gewöhnlichen Signal. Wenn recht verstanden, ist es die Stelle, zwischen dem Haus und dem Gebäude, wo früher die Pferde des Prinzen standen. Um 11 Uhr dort.“* Angekündigt durch diese mit unsichtbarer Tinte zwischen unverfänglichen Text geschriebenen Zeilen reitet er allein nach Linsburg.

Vorausgegangen war ein Brief mit Plan und Aufforderung der Prinzessin: Ihr Besuch in Bruchhausen bei ihren Eltern sei verschoben. Sie lebe hier in Linsburg wie eine Nonne, jeden Abend gehe sie mit der Knesebeck allein unter den Bäumen spazieren, die Hintertür der Palisade sei immer offen. Von zehn bis zwölf Uhr werden sie dort warten auf das gewohnte Signal.

Prinzessin und Confidente haben ein paar Bedienstete ins Vertrauen gezogen. Die Knesebeck wohnt im Nebenzimmer, auch dort gibt es eine Hintertür, die Knesebeck sorgt für Sicherheit sowie festliche und reichliche Verköstigung, Plan und Ausführung gelingen.

Noch Tage danach ist die Prinzessin wie verzaubert, fern jeder Wirklichkeit. *„Alles wie im Roman, und keiner würde es glauben, wenn man es erzählte“*, schreibt sie dem Geliebten im Rückblick. Sie hat ein Lied gedichtet auf ihren *„Tircis“*, so nennt sie ihn jetzt, poetisch verklärt. Nur war das Glück viel zu kurz, *„l'excés des plaisirs“* und der Trennungsschmerz machen sie um so elender. Sie möchte nur noch mit ihm und für ihn leben, immer und ewig.

Wie gefährlich in Wirklichkeit dieses Linsburger Liebesabenteuer war, wird erst im Nachhinein klar.

Als Königsmarck in der Dunkelheit der nächsten Nacht auf dem Rückweg die Palisade wieder passiert, sieht er zwei Männer, sechs Schritt von ihm entfernt. Er erkennt sie nicht, wagt auch nicht, sich umzudrehen, merkt aber, dass irgendetwas nicht in Ordnung ist, als sie ihm folgen. Schon in der Garderobe hatte ihn eine Kammerfrau beim Hinausgehen plötzlich angeleuchtet, überall schienen Menschen auf den Beinen zu sein. Er begann zu rennen, entkam auch in der Dunkelheit, schüttelte die Verfolger ab, verlief sich aber rechts und links. Erst um vier Uhr, bei Hellwerden, fand er sein Pferd wieder. Ihn schaudert es immer noch: wie nah waren beide dem Verderben, wie gefährlich das schönste Erlebnis! Auch er blickt zurück: *„Ach könnte ich doch diese Augen wiedersehen, die so zufrieden waren, wenn sie mich unter ihnen vor Wonne vergehen sahen; könnte ich doch diesen kleinen Schoß küssen, der mir so viele Freuden geschenkt hat ...“*

Zu Hause nur schlechte Nachrichten: ein Brief seines Sekretärs, der ihn erzittern ließ. Ohne den Trost ihrer Liebe würde er, finanziell ruiniert, vor Kummer sterben. Doch die Aussichten auf ein erneutes längeres Treffen sind ja so gering.

Die Zukunft verdunkelt sich, je mehr man sich ewige Liebe schwört. Spielschulden Königsmarcks haben sich angehäuft, sein Besitz schwindet, da die schwedische Krone erneut Krongüter zurückfordert und einzieht, der verbleibende Rest ist völlig überschuldet, Guthaben, das heißt: Spielschulden, die andere bei ihm haben, werden nicht bezahlt. Er macht sich und der Prinzessin nichts vor: Seine Angelegenheiten stehen schlecht, äußerst schlecht. Und auch die Verhandlungen, die die Prinzessin mit ihren Eltern in Celle führt, ergeben offenbar nichts. Kaum ein Funken Hoffnung, das Leben je miteinander zu verbringen.

Seit 1692 schon, ja seit Beginn der Affäre, hatte Sophie Dorothea ihre Eltern mehrfach gebeten, in die Scheidung vom hannoverschen Kurprinzen einzuwilligen. Die Mutter hatte durchaus Einverständnis signalisiert, sie versuchte sogar, wenn auch vergeblich, Geld bei den Lüneburger Landständen für die spätere Versorgung der Tochter zu beschaffen. Der Vater, Herzog Georg Wilhelm, jedoch war und blieb strikt gegen eine Scheidung: der an den Heiratsvertrag gebundene Erbvertrag mit dem Hause Hannover durfte nicht angetastet werden.

Und immer deutlicher zeichnete sich auch drohend ab, dass die Liebenden nach einer eventuellen Scheidung gänzlich ohne jede Aussicht auf weitere standesgemäße Lebensführung und Versorgung dastehen würden. *„Gestern abend las ich meinen Heiratsvertrag"*, schreibt die Prinzessin deprimiert und zugleich empört aus Celle. *„Er ist zu meiner Überraschung sehr ungünstig für mich. 102* (= der Kurprinz) *kann über alles verfügen und mir sogar die pension streitig machen."* Das brachte sie zum Weinen, auch wenn 227 (= ihre Mutter, Herzogin Eleonore) sie zu trösten versuchte.

Immer wieder der ausgesprochene Wunsch, nur ihrer Liebe zu leben: *„Was soll ich noch auf der Welt, wenn Sie mich nicht mehr lieben? Ich lebe doch nur für Sie."*

Aber wie? Und wo? Immer öfter Gedanken und Überlegungen an eine nahe oder auch ferne gemeinsame Zukunft, doch überall Verbote, Hindernisse, Schranken, Unmöglichkeiten. Ihr Vorschlag, sich mit ihm zurückzuziehen, schreibt Königsmarck im Herbst 1693 an die Geliebte, entspreche auch seinen eigenen sehnlichsten Wünschen, *„doch darf man nicht mit dem Kopf durch die Wand gehen, sondern muss eine Türe suchen"*.

Aber keine Tür ist erkennbar, geschweige denn eine solche öffnet sich. Das führt zu Ärger, Unwillen und Verstimmungen. Auf die Mitteilung der Prinzessin, ihre Mutter wolle ihren Schmuck veräußern, um so einen Notgroschen für sie zu bilden, reagiert Königsmarck plötzlich nur noch gereizt: Warum setzt sie ihre einzige Hoffnung allein auf die Mutter? Sie wird ewig ein Kind bleiben! Sie ist zehn Jahre verheiratet und hat zwei Kinder. Warum lässt sie sich so an der Nase herumführen?

Unwille und Ärger steigern sich. Schließlich bezweifelt der Geliebte in höchstem Unmut sogar den ganzen Sinn dieser Liebe. Dafür, dass man sich vielleicht zwanzigmal im Jahr sehe, lohne doch der ganze Einsatz nicht, schreibt er, und die Geliebte ist tief betroffen oder – die alte Geschichte! – *„Suchen Sie nur einen Vorwand, mich zu verlassen?"*

So kann es nicht weitergehen: nicht nur, in immer kürzeren Abständen, immer wieder Vorwürfe und alte wie neue Eifersucht auf beiden Seiten, auch Schuldgefühle drücken und plagen. Königsmarck ist entsetzt, dass die Prinzessin sich ihre Leidenschaft als

Sünde anrechnet. Dabei ist diese Liebe doch gerade, so seine Meinung, *„dem göttlichen Gebot gemäß, und nur bei dem da oben steht es, uns aus diesem Leben zu ziehen, das wir führen"*. Später, *„apray cela"*, wird er, Königsmarck, bestimmt nicht wieder gegen das sechste Gebot verstoßen, und so möge es auch die Prinzessin halten. Und auch sie schwört das, wenn nur ihr einziger Wunsch, für immer mit ihm zusammen zu leben, erfüllt wird.

Doch scheint solche Erfüllung nur ferner statt näher zu rücken. Wieder schlechte Träume, furchtbare Angstträume. In der vorigen Nacht, schreibt Königsmarck noch immer aufgewühlt, träumte ihm, man habe ihn, weil man ihn mit der Prinzessin überraschte, enthauptet. Seine Richter seien 102, 110 und der *„Bonhomme"* gewesen: also schlechtes Gewissen, Schuldgefühle gegen den betrogenen Ehemann, gegen Autoritäten und Vorgesetzte. Nicht noch einmal möchte er dieses Fegefeuer durchmachen, er habe, so sein Kammerdiener, immer nur laut und in Schweiß gebadet gerufen: „Wo ist sie? Wo ist sie?"

Der erhaltene Teil des Briefwechsels endet abrupt im November 1693. Noch ein Winter liegt vor der Katastrophe, die die Liebenden zwar ahnen und fürchten, aber auch mit allen Mitteln zu vermeiden und zu umgehen suchen. Ein Winter mit weiteren Ängsten, Hoffnungen und immer neuen Planungen und Plänen. Kein Zweifel, dass dabei auch Fluchtpläne eine Rolle spielen, auch wenn sie nicht mehr brieflich belegt sind, Pläne einer gemeinsamen Flucht oder Entführung der Prinzessin aus Hannover möglichst bald, bei der ersten günstigen Gelegenheit. Im Frühsommer – wieder eine längere Trennung der Liebenden – unternimmt Königsmarck überraschend eine Reise nach Dresden, offensichtlich aus mehreren Anlässen und zu verschiedenen Zwecken: Eintreibung von Spielschulden, Suche nach einer neuen Stellung, Teilnahme an den Krönungsfeierlichkeiten.

August der Starke trat 1694 die Nachfolge seines verstorbenen Bruders als Kurfürst von Sachsen an. Königsmarck kannte ihn gut als Herzog Friedrich August aus vielen Feldlagern und gemeinsamen durchzechten und durchspielten Nächten. Mit über 120 000 Goldmark an Spielschulden stand dieser bei ihm in der Kreide – ein Vermögen! Da der neue Kurfürst jedoch angesichts kostspieligster Krönungsfeierlichkeiten ebenso zahlungsunfähig oder -unwillig schien wie der frühere Herzog, bot es sich an, die Schuldeintreibung mit einer Stellungssuche zu verbinden und quasi zu verrechnen. Königsmarck erlangte so die Zusage, als Generalmajor der Kavallerie in sächsische Dienste treten zu können, ein Glücksfall, so schien es, angesichts der immer unhaltbarer werdenden Situation in Hannover und ihrer Gefahren, nicht ungünstig auch für die Verwirklichung aller gemeinsamen Lebens- und Zukunftspläne mit der Prinzessin, die zur selben Zeit sich zu neuerlichen Unterhandlungen wegen ihrer Scheidung bei ihren Eltern in Celle aufhält.

Die Lage spitzt sich im Juni 1694 zwar zu, scheint aber nicht ohne Hoffnungen. Die Mutter weiterhin auf Seiten der Liebenden und für die Scheidung vom Kurprinzen, der Vater immer noch dagegen, aber der Ehemann lässt plötzlich in einem heftigen Ehestreit verlauten, er wolle von sich aus selbst die Scheidung beantragen. Auch die Fluchtpläne nehmen nach Königsmarcks Rückkehr aus Dresden konkretere Formen an – das scheinen für die Liebenden Lichtblicke zu sein. Aussichten eröffnen sich: Alles drängt offenbar auf eine baldige, die Lage bereinigende Lösung oder deutet darauf hin.

Was sich inzwischen allerdings hinter den Kulissen des hannoverschen Hofes abspielte und zusammengebraut hatte, von wem oder mit wem hier was für Intrigen schon eingefädelt waren und angebahnt wurden, davon wussten Königsmarck und die Prinzessin nichts – oder sie wollten davon nichts wissen.

Eine *„affaire serjos“* hatte sich entwickelt – einzige Alternative, die glückliche Lösung und Rettung wäre gewesen, die Liebenden hätten sich jetzt noch einzeln, jeder für sich, wieder in die Zwänge des Hofes und des nun einmal Gegebenen eingefügt und sich ihnen für immer unterstellt und unterworfen: Königsmarck, um sich und sein Haus zu sanieren, mit einer reichen Heirat – die Herzogin Eleonore von Celle hatte schon eine dafür geeignete Kandidatin an der Hand – die Prinzessin Sophie Dorothea durch ein Arrangement mit ihrem schon anderweitig liierten Ehemann. Beide hätten ihre große Liebe so zur Liebelei heruntergespielt und degradiert, zur kurzzeitigen, einmaligen und harmlosen *„petite galanterie à la mode“*, vorbei, nichts Ernstes und nichts Ernstzunehmendes – und alles wäre wieder gut gewesen: Friede im Haus, stabile Verhältnisse durch Unterwerfung individueller Leidenschaften unter die allgemeine Staatsräson.

Noch war Zeit dazu in diesem Juni 1694. Aber genau das wollten die Liebenden nicht, alles, nur nicht den Verzicht auf den Geliebten. Sie wollten die *„affaire serjos"*.

Je mehr das höfisch ungleiche und unmögliche Paar seine Liebe als jetzt und künftig untrennbare und unteilbare sah und erkennen ließ, desto größer der Verstoß gegen die Regeln und desto näher der Untergang dieser Liebe. Der Hof konnte darin nur die drohende und wachsende Gefahr eines Hofskandals erkennen. Und den galt es – um der Reputation des kurfürstlichen hannoverschen Hauses willen – mit allen Mitteln zu verhindern, notfalls mit Gewalt.

VI. Im goldenen Käfig: die Prinzessin in Ahlden

Seit März 1695 lebte Sophie Dorothea als geschiedene Kurprinzessin und trauernde Liebende weggeschlossen mit ihrem amtlicherseits zugeteilten Hofstaat im befestigten Amtshof Ahlden, hinter Palisaden streng bewacht und auf unbestimmte Zeit. Für die Höfe Hannover und Celle galt sie offiziell als tot, ihr Name wurde aus dem Kirchengebet gestrichen. Er sollte auch aus dem Gedächtnis der Untertanen getilgt werden, die Kurprinzessin von Hannover gab es nicht mehr. Die amtliche Benennung der zur Unperson Gewordenen war zwar Prinzessin von Braunschweig und Lüneburg, also ihr Mädchenname, mit dem Prädikat „Durchlaucht“, schon bald setzte sich jedoch „Prinzessin von Ahlden“ durch, und diese unhöfische und unpersönliche bloße Benennung nach dem erzwungenen Wohnort blieb.

Eine höfisch Tote im goldenen Käfig, im umgebauten Amtshof Ahlden im ersten Stock des Nordflügels, nach der Leine zu, ein Appartement mit sechs Räumen: ein Vorzimmer, ein „Tafelgemach“, wo die Mahlzeiten eingenommen wurden, ein Audienzzimmer, ein Spiegelzimmer, ein Kabinett, dann das Schlafgemach mit der Toilettenkammer. Darunter, im Erdgeschoss, die Domestiken, darüber, im Dachgeschoss, die Damen der Prinzessin. Küche und Wirtschaftsgebäude im Südflügel, der Hofmeister wohnt mit seiner Familie im Erdgeschoss des Westflügels. Die Räume der Prinzessin überreich mit teurem und schwerem Mobiliar ausgestattet, mit Tapisserien, Silbergerät, Porzellan, Uhren, Leuchtern und Bildern, gleichsam eine ausgegrenzte, abgesperrte und in sich abgeschlossene feudale Insel – oder vielleicht besser: Zelle – fernab der Welt, inmitten bäuerlichen Dorflebens. Über 80 Porträts von Ahnen und Mitgliedern der fürstlichen Familien zierten die Wände und schirmten diese höfische Exklave gleichsam gegen das Außen der ländlichen Umgebung ab, das Bild des ehemaligen Gatten und späteren Königs von England nicht ausgenommen, dazu die gesamte preußische Herrscherfamilie als nahe Verwandtschaft, die Kaiser Karl VI. und Josef I. mit ihren welfischen Frauen, als zeitgenössische Regenten Ludwig XIV. von Frankreich und Karl XII. von Schweden, als *„Curiosa"* aus der höfischen Welt auch eine schöne Türkin *„Fatimah"*, Beute aus den Türkenkriegen, sowie ein Bild eines *„Wilden Jungen, so nach Engelland gesandt"*, der in Hameln rätselhaft aufgefunden und in London als Naturwunder bestaunt worden war. In Kisten und Kästen prächtigste Kleider, immer wieder nach neuester Mode in Paris geordert und von dort herbeigeschafft, und teuerster Schmuck, darunter ein Diamant, Milord genannt, über 31 Grain

Der Amtshof von Ahlden, das Tor im Westflügel

schwer – alles in allem ein goldener Käfig, ausstaffiert und verkleidet und abgeschirmt auch mit einer goldenen Ledertapete, eigens für viel Geld aus Brüssel hierher importiert. Ihre hohe Geburt und der Anspruch, der sich daraus ableitete, waren das Einzige, was man Sophie Dorothea lassen musste, das Einzige, was ihr blieb.

Die Prinzessin von Ahlden ist reich, Reichtum allerdings, der zu nichts nützt und ohne jeden Zweck: keine Feste, keine Besuche, keine Repräsentation, keine Bewunderer, keine Gäste. Auf 8000 Taler jährlich waren die Unterhaltsgelder angesetzt worden und wurden sukzessiv auf 18000 erhöht, Gelder aus den Ämtern Ahlden, Rethem und Walsrode sowie aus verschiedenen Zöllen und Zehnten. Dazu erbte sie das Privatvermögen ihres Vaters nach dessen Tod 1705 und auch das der Mutter, die 1722 starb, ein bedeutendes Kapitalvermögen, das, angelegt in Hypotheken und holländischen sowie englischen Renten, am Ende ihres eigenen Lebens die Höhe von 227000 Talern erreicht hatte – jeweils Millionenbeträge in heutiger Währung. (Legt man – nur um einen ungefähren Maßstab zu haben – für einen Vergleich das als sehr hoch bezeichnete Jahresgehalt ihres obersten Bewachers Wackerbarth zugrunde, das 1500 Taler betrug, und setzt man, wobei vieles natürlich unvergleichbar bleibt, ein vergleichbar hohes Jahreseinkommen eines Beamten in ähnlicher Position mit rd. 100000 Euro an, so ergibt sich die Gleichung: 15000 Taler = ca. 1 Million Euro.) Zu diesem Millionenvermögen erbte Sophie Dorothea von ihrer

Mutter auch noch den französischen Stammsitz der Familie Olbreuse, das gleichnamige Dorf und Gut bei Usseau im Departement Deux-Sévres, das sie – Widersinn ihres Lebensschicksals – nie gesehen hatte und nie sehen sollte.

Aus den Unterhaltsgeldern und den Zinserträgen ihrer Kapitalien musste die Prinzessin alle Besoldungen und sämtliche Aufwendungen wie Bewachung, Verpflegung, Heizung usw. für ihren Haushalt und Hofstaat – also ihr gesamtes Gefängnis mit Personal – selber bezahlen, nur der Oberaufseher des Ganzen, Wackerbarth, wurde von Hannover besoldet.

Trotzdem überstiegen jedes Jahr die Einkünfte, je älter sie wurde, die Ausgaben bei weitem, so dass sich trotz erheblicher Ausgaben für kostspielige Liebhabereien, Schmuck, Garderobe und andere Luxusgüter, trotz einer generösen Wohltätigkeit innerhalb des Schlosses und außerhalb in der Ortschaft Ahlden, auch erhebliche Ersparnisse ansammelten. Seit dem Tod ihres Vaters verwaltete die Prinzessin diesen Finanzetat ganz allein und selbstständig mit Hilfe und Beratung eines erfahrenen Celler Verwaltungsbeamten.

Man lebte – was hätte man anderes tun sollen? – nicht schlecht in dieser ab- und eingeschlossenen höfischen Welt am Rande der Heide. Die tägliche Hauptmahlzeit bestand alltags jeweils aus fünf Gängen, ein Sonntagsmenu, von der Prinzessin selbst zusammengestellt, bestand zu Mittag aus: *„1. Suppe mit Kalbfleisch, 2. Rindfleisch, 3. Paté, 4. Schaf-Braten, 5. junge Hühner, 2 Stück, 6. Artischocken, 7. Krebs naturel,*

8. Salat.“ Abends dann wieder Suppe, Kalbsbrust gebraten, Ragout von Tauben, Kalbsgekröse, Grill von jungen Hühnern, Obst. Das – und dazu reichlich guten Wein – gab es an der fürstlichen Tafel, die in der Regel mit der Prinzessin und einer Hofdame besetzt war; die Kammerfrauen bekamen einfachere Kost: Rinderwurst, Schafskopf und Salat, dafür fielen ihnen aber noch die (sicher reichlichen) Reste der fürstlichen Tafel zu. Alle Zutaten wurden, streng kontrolliert, aus der näheren Umgebung ins Schloss geliefert, dazu stand der Prinzessin die niedere Jagd auf Rehe, Hasen und Vögel zu, die sie durch einen eigenen Wild- und Feldschützen ausüben ließ. Luxuswaren wurden importiert, oft in großen Mengen: 100 Pfund Schokolade aus Holland, Burgunderwein, auch Schnupftabak für die adligen Damen.

Ungefähr 40 Personen einschließlich des Wachkommandos hielten sich gewöhnlich im Schlossbereich auf und mussten versorgt werden. Sämtliche Wachttruppen konnten schon wegen ihrer Zahl nicht ständig hier untergebracht werden. Sie lagen großenteils, immer alarm- und abrufbereit, in Quartieren auf den Bauernhöfen der Umgebung. Offensichtlich rechnete man ständig mit einem bewaffneten Überfall, einem Befreiungs- oder Entführungsversuch von außen. Es waren allerdings nur sehr schlechte und unsichere Truppen, die hierher abkommandiert wurden, von Deserteuren und Spitzbuben durchsetzt, viel *„übles Gesindel“*, so ein Ausdruck ihres Kommandanten Wackerbarth, das selber strenge Kontrolle und Überwachung brauchte.

Innerhalb des bewachten Schlossbereichs konnte sich die Prinzessin frei bewegen, nur nach außen hin war alles hermetisch abgeriegelt und durch Kontrollen gesichert. Der einzige *„Auslauf"* der Gefangenen beschränkte sich auf den schmalen und düsteren Schlosshof oder den Wall vor den Palisaden. Wie schon in Lauenau bestand die Prinzessin sehr bald auf Ausgeh- und Bewegungsmöglichkeiten und führte gesundheitliche Gründe dafür an. Nach gut einem Jahr wurden ihr *„Spazierfahrten"* gewährt, allerdings nur in dauernder Begleitung von Wachpersonal. Dieses wurde deshalb noch um einige Dragoner verstärkt, von denen jeweils zwei die Prinzessin zu begleiten und vor jedem Kontakt mit Fremden zu schützen und abzuhalten hatten. Man brauchte Dragoner dazu, weil die Prinzessin diese Ausfahrten in einem rasenden Tempo absolvierte, in einem von ihr selbst gelenkten offenen Kabriolett stehend, perlen- und diamantengeschmückt in prächtiger, immer schwarzer Hofkleidung, so dass nur geübte Reiter ihr überhaupt folgen konnten. Dabei machte es ihr offenbar Spaß, diese abzuschütteln und eine Art Wettrennen und Katz-und-Maus-Spiel mit ihren sie verfolgenden Bewachern zu veranstalten, oft noch an Herbstabenden und bis in die Dunkelheit.

Außer diesen Ausfahrten ereignete sich nichts in dem erzwungenen Schlossleben am Rande von Sumpf, Moor und Heide, was einer jungen Prinzessin Spaß machen konnte. Die durchgängige Stimmung im Schloss Ahlden war eine Mischung aus Trauer, Enttäuschung und lähmender Tristesse. Der größte

Feind, vor dem keine Bewachung schützen konnte, war die Langeweile. Sie kroch gleichsam aus allen Ritzen und nistete in allen Ecken, die tägliche und tödliche Langeweile: Stunde um Stunde, Tag um Tag, Jahr um Jahr. Da in diesem Miniatur-Hofstaat jeder jeden schon lange kannte, da hier jeder mit jedem gezwungenermaßen, abgeschlossen und ausgeschlossen von allen anderen, umgehen musste seit Jahr und Tag, wusste jeder, was der andere hier und heute und morgen und übermorgen tun, denken und sagen würde. Da nichts Neues von außen eindrang, blieb alles in dieser hermetisch geschlossenen Innenwelt berechenbar: die morgige Mahlzeit, wo, mit wem und wann, die Gespräche mit wem und worüber, die täglichen Abläufe von morgens bis abends, die Andachten, die Ausfahrten, die übermorgigen Gespräche über den vergangenen Tag – alles war vorhersehbar, gleichsam ritualisiert und schematisiert, ein automatischer Ablauf.

Und dauernd und überall zerstörte Hoffnungen und Lebensperspektiven, Depression und Resignation, manchmal ein stilles Weinen. Anfangs gab es noch das Warten auf Veränderung, darauf, dass alles einmal und hoffentlich bald zu einem Ende kommen würde, dann jahraus, jahrein nur der Verlust dieser Hoffnungen, die Anhäufung von Enttäuschungen, das bleierne, ziellose Einerlei. Das Grübeln, das Suchen nach Gründen und Auswegen, das zu nichts führte, immer die gleichen Gedankengänge, ein Sich-Drehen im Kreis, die lastende Vergeblichkeit.

Warum diese Unversöhnlichkeit, mit der hier und unter der hier agiert und gelitten wurde? Warum dieser totale Freiheitsentzug, das Verbot aller Kontakte zur Außenwelt, die dauernde Kontrolle, die Isolation von allem bisherigen Leben und Lebensbedürfnissen? Warum über Jahre und Jahrzehnte diese harte Bestrafung? Warum dieser gnadenlose Vollzug des *„acte de disgrâce“* von 1694?

Im Grunde war es ja nur ein Familienkonflikt zwischen Verwandten, blutsverwandten oder angeheirateten, zwischen Eltern, Kindern und Enkeln, der hier ausgetragen wurde. Ein auch von anderen als hölzern empfundener Ehemann war von seiner lebhaften, hübschen Frau betrogen worden; es kam, von Eltern und Schwiegereltern für richtig befunden, zur Scheidung; die Ehebrecherin wurde mit dem lebenslangen Entzug des Sorgerechts und des Kontakts zu ihren Kindern bestraft – hart genug. Dass sie zudem auch noch mit dem Entzug ihrer persönlichen Freiheit büßen musste, zeigt jedoch, dass es neben dem familiären zugleich auch ein politischer Konflikt war, der hier ausgetragen wurde: Alle Beteiligten waren eben auch Träger und Repräsentanten politischer Funktionen und Privilegien im damaligen feudalen Staatswesen. Die Tochter hatte einen öffentlichen Skandal von erheblicher innen- und außenpolitischer Tragweite ausgelöst, sie hatte Gesetze des Vaters und des Schwiegervaters verletzt und deren staatspolitische Ziele durchkreuzt. Sie war nicht nur aus einer Ehe, ihrer Ehe, ausgebrochen, sondern auch aus einem Erbvertrag zwischen zwei Herrschaften und Staatswesen, sie hatte damit Vater und Mutter, Schwiegervater und Schwiegermutter, in den Konflikt zwischen Elternliebe und Staatsräson gebracht. Wer den familiären Konflikt jetzt durch Menschlichkeit und individuelles Verhalten wie Milde, Gnade, Verzeihen und Vergessen hätte lösen wollen, stieß immer zugleich auch auf allgemeine, übergeordnete und überpersönliche Gesetze und Grenzen staatlicher Interessen und Politik.

Es ist nicht anzunehmen, dass die junge Prinzessin Sophie Dorothea sich dessen bewusst war. Zuerst glaubte sie wohl, dass alles nur ein höchst vorübergehender Status für sie sein würde: Ahlden lag auf Celler Gebiet und war sicher nur eine Vorstufe für eine zeitlich absehbare und naheliegende Übersiedlung und Rückkehr ins dortige Schloss, den Wohnsitz ihrer Eltern, in dem sie aufgewachsen war. Irgendwann musste deren Zorn und Enttäuschung sich auch wieder legen, irgendwann musste Gras über das Ganze wachsen, im Grunde nur eine Frage der Zeit.

Der Vater, Herzog Georg Wilhelm, hatte allerdings von Anfang an eine völlige Abwendung von der Tochter gezeigt, er hatte ebenso energisch wie der Schwiegervater den Ehescheidungsprozess wie den *„acte de disgrâce“* und ihre Festsetzung betrieben. Er war zwar auch als Vater beleidigt worden durch ihren Fehltritt und durch wenig schmeichelhafte Formulierungen und Bezeichnungen wie *„vieux radoteur“* in den gefundenen Liebesbriefen, schwerer wog bei ihm mit Sicherheit aber das Politische: Schließlich war er es gewesen, der die Legitimierung seiner

Tochter klug und erfolgreich eingefädelt und mit den Erbansprüchen Hannovers vereinbart hatte. Jetzt war alles durch eben diese Tochter leichtfertig aufs Spiel gesetzt worden und drohte zu scheitern.

Anders die Mutter: Bei ihr spielten politische Gründe und Rücksichten nicht diese Rolle. Als Frau war es ihr leichter, sich darüber hinwegzusetzen, und sie tat es auch in offensichtlich provozierender Weise. Obwohl die Gefangene in Ahlden aus dem Gedächtnis aller, vor allem ihrer Kinder, ausgelöscht werden sollte, erwähnte sie immer wieder die Geächtete offen bei ihren Besuchen in Herrenhausen vor diesen Kindern, ihren Enkeln, was zur Folge hatte, dass sie nach Hannover zunehmend weniger geladen wurde und dass die Kinder den Hof in Celle künftig zu meiden hatten. Im diesbezüglichen Ansuchen Hannovers hieß es wörtlich: Um bei den Kindern keine *„nachdenklichen und nachteiligen impressiones"* aufkommen zu lassen.

Die Herzogin Eleonore war als Mutter auch die erste Besucherin, die es durchsetzte, nach Ahlden zu kommen, und sie blieb auch die einzige. Ihr erster Besuch fand im Sommer 1695 statt, und Hannover protestierte dagegen sofort: Das sei ein Verstoß gegen den gemeinsamen Rezess von 1694 und dürfe nie wieder vorkommen. Doch Herzogin Eleonore machte den Verstoß einfach zum Gewohnheitsrecht, ihre Besuche häuften und wiederholten sich, schließlich wurden sie zur regelmäßigen Einrichtung. Man räumte ihr eigene Zimmer über den Wirtschaftsräumen im Südflügel des Schlosses ein, dort wohnte sie dann oft über Monate.

Der Verstoß fand somit offensichtlich seine Billigung: beim Ehemann und Vater in Celle, ebenso, wenn auch zähneknirschend, in Hannover. Aber dieses Besuchsrecht in Ahlden beschränkte sich einzig und allein auf die Mutter, niemand anderem war es gestattet, die Prinzessin zu besuchen, auch nicht dem Vater – wohl die Bedingung für die stillschweigende Duldung der einzigen Ausnahme.

Wie mag das erste Wiedersehen zwischen Mutter und Tochter verlaufen sein, ihr erstes Zusammentreffen nach dem skandalösen Eklat im Sommer 1694? Was wussten beide über das, was wirklich mit Königsmarck geschehen war, und was wussten sie nicht? Gab es Vorwürfe von Seiten der Mutter? Wie weit ging ihr Verständnis? Schließlich hatte die Tochter alles das, was die Mutter mühsam erreicht hatte, die eigene anerkannte Gleichstellung in einem fürstlichen Haus, hingeworfen wegen eines außerehelichen Abenteuers, wegen einer leichtsinnigen Liaison mit einem Rangniederen!

Wie verteidigte sich die Tochter? Verteidigte sie sich überhaupt? – Wir wissen nichts über das, was hier unter vier Augen besprochen wurde und können auch aus Berichten anderer oder aus sonstigen Fakten keine Rückschlüsse ziehen. Einzig und allein der ist möglich, dass bei diesen Besuchen und Gesprächen zwischen Mutter und Tochter eifrig und immer wieder Möglichkeiten und Pläne erörtert wurden, wie die unerträglichen Verhältnisse dieser Haft in Ahlden zu ändern oder gar aufzuheben seien.

Solche Änderungen – das wusste die Mutter aus Erfahrung – konnte nur die Politik bringen, beziehungsweise die persönliche Einflussnahme auf sie. Die Mutter wird es darum auch gewesen sein, die der Tochter klar machte, dass nur durch ein Gnadengesuch von ihr, der Prinzessin Sophie Dorothea selbst, verbunden mit einem Schuldeingeständnis, überhaupt etwas in Gang gebracht werden könne. So etwas nur zu denken oder gar zu tun und zu formulieren, dürfte der Prinzessin von Ahlden schwer gefallen sein. Dass sie sich dann doch dazu entschloss, und zwar im Sommer 1696, dürfte nicht nur ein Ergebnis des mütterlichen Zuredens, sondern auch des zermürbenden Drucks der Gefangensetzung gewesen sein, ein Gradmesser für die Unerträglichkeit der Verhältnisse und der Lebensumstände im Schloss Ahlden.

Das Gnadengesuch, gerichtet an den Kurfürsten von Hannover, hat sich nicht erhalten, nur von der abschlägigen Antwort berichten einige Quellen. Ihr *„rührendes"* Schreiben an ihren ehemaligen Schwiegervater sei von diesem, obwohl krank und dem Tode nahe, *„schroff"* zurückgewiesen worden. Nicht einmal einer persönlichen Antwort würdigte sie der Kurfürst. Wackerbarth, der Oberaufseher in Ahlden, erhielt nur Weisung, seiner Schutzbefohlenen mündlich zu übermitteln: *„Wir möchten wünschen, dass die Sachen nicht also ergangen wären, dass dasjenige hätte geschehen müssen, was gesehehen."* Da es aber so gekommen, *„ließe die Wolfahrt, Respekt und Ehre des fürstlichen Hauses Hannover nicht zu, darunter einige Änderung zu machen"*.

Wackerbarth gab dann Rückmeldung über die Reaktion auf diese Abweisung nach Hannover: Einer so harten Antwort habe die Prinzessin sich nicht versehen, so müsse sie sich dem lieben Gott befehlen, wenn man ihr nicht vergeben wolle.

Zwei Jahre später starb der Kurfürst. Jetzt müsse sich doch – so das erneute Kalkül von Mutter und Tochter in Ahlden – etwas ändern oder ändern lassen: wenn nicht Begnadigung und Freilassung, so doch wenigstens die Übersiedlung in das elterliche Schloss in Celle und ein Wiedersehen mit den Kindern! Wieder schrieb Sophie Dorothea nach Hannover. Sie bezeugte ihr Beileid und ließ es ausklingen in ein neuerliches Eingeständnis ihrer Schuld verbunden mit der erneuten Bitte um Gnade und Vergebung.

Doch der neue Kurfürst war der Sohn des alten – und ihr geschiedener Ehemann. Auch er, wie schon sein Vater, würdigte sie keiner unmittelbaren Antwort. Wackerbarth hatte nur einen mündlichen Dank für das erwiesene Beileid zu bestellen und: *„Gott möge die Prinzessin bei Gesundheit erhalten."*

Das war alles.

Herzogin Eleonore von Celle war eine energische Person und wusste sich durchzusetzen. Davon zeugt nicht zuletzt ihr eigner *„Aufstieg"*, der innerhalb der europäischen Geburtsaristokratie und Feudalhierarchie ziemlich einmalig war. Sie wäre nicht diese Person gewesen, wenn sie nach dem Scheitern der beiden Gnadengesuche ihrer Tochter nicht noch weitergehende Schritte, über die Höfe Hannover und Celle hinaus, unternommen hätte. Zuerst einmal lag für sie als gebürtige Französin nahe, für ihre Tochter bei Ludwig XIV. in Frankreich um Asyl anzusuchen. Das tat sie auch als nächstes, und zwar mit Hilfe Herzog Anton Ulrichs von Braunschweig über den französischen Gesandten an dessen Hofe. Doch Ludwig XIV. machte die Aufnahme in seinen Staaten bedingungslos vom vorherigen Übertritt zum Katholizismus abhängig, was die ganze Angelegenheit von vornherein zum Scheitern verurteilte. So blieb nichts von diesem Vorhaben als eine neue Enttäuschung und dass Herzog Anton Ulrich für seine Bemühungen um Frankreich von Sophie Dorothea einen gestickten Lehnstuhlbezug als Geschenk erhielt, Frucht und Ertrag ihres erzwungenen Zeitvertreibs in Schloss Ahlden, den man ja eigentlich gerade hatte beenden wollen.

Aussichtsreicher schienen sich die Dinge zu gestalten, als Herzogin Eleonore ihre Bemühungen daraufhin dem englischen Hof zuwandte. In England drängte in diesen 1690er Jahren die Regelung der Thronfolgefrage, und in sie waren der Hof in Hannover und mittelbar auch der in Celle involviert: Georg Ludwig, der geschiedene Ehemann Sophie Dorotheas, war einer der Anwärter auf den englischen Thron, zudem, wenn auch nicht unumstritten, ein sehr aussichtsreicher. Im Falle seiner Thronbesteigung hätte die fortgesetzte Haft der Mutter des englischen Thronfolgers, denn dies würde Sophie Dorotheas Sohn ja in diesem Falle sein, eine in England, nicht zuletzt bei den politischen Gegnern, interessante und diskussionswürdige Frage werden können. England konnte für das Schicksal von Sophie Dorothea von nicht unerheblicher Tragweite sein. Das Celler Herzogshaus pflegte seit längerem enge persönliche Beziehungen zum noch amtierenden König Wilhelm III., und Eleonore versuchte nun, diesen bei verschiedenen Besuchen und Zusammenkünften als Fürsprecher und Vermittler für eine Rückkehr Sophie Dorotheas an den elterlichen Hof nach Celle zu gewinnen, auch wenn oder gerade weil der Celler Herzog selbst davon wegen der bindenden Verträge mit Hannover nichts wissen wollte. König Wilhelm III. von England schien anfangs auch dazu bereit. Seine Einflussnahmen zu Gunsten Sophie Dorotheas scheiterten jedoch schon bald an gleichen Rücksichten und Rücksichtsmaßnahmen, die auch er gegenüber Hannover hatte.

Nach Wilhelms III. Tod setzte Eleonore, nicht locker und nichts unversucht lassend, ihre Bemühungen bei der künftigen Königin Anna fort. Deren Thronbesteigung benutzte sie sofort als Handhabe, mit ihr in Korrespondenz zu treten. Wieder beziehungsweise immer noch ging es um die Aussöhnung der Tochter mit dem Vater, ihre Rückkehr nach Celle und die Unterstützung und Vermittlung dabei. Aber auch dieser Vorstoß, der natürlich von Hannover sogleich hintertrieben wurde, scheiterte enttäuschend wie der frühere. So blieb Eleonore letztlich nichts anderes mehr, statt auf Politik auf den langfristigen Gesinnungswechsel ihres Gatten zu setzen. Doch der blieb konsequent bei seiner politischen Loyalität zu Hannover, auch wenn seine familiären Gefühle noch so sehr in andere Richtung gehen mochten.

So lassen sich zumindest die weiteren Aktionen, Bemühungen und Aktivitäten deuten, die sich in den letzten Lebensjahren um den Herzog Georg Wilhelm von Celle abspielten. Immer wieder und mit immer neuen Argumenten machte die Celler Regierung, sichtlich auf Druck von Herzogin Eleonore, Vorstöße wenigstens zu einem Treffen und Wiedersehen von Vater und Tochter: Ein solches Versöhnungszeichen sei auch für die heranwachsenden Kinder beziehungsweise Enkel *„avantageuser"*, besonders bei eventuellen Heiratsanbahnungen. Als das nichts half, wurde das hohe Alter des Vaters ausgespielt. Einmal schien es sogar, dass ein Treffen, wenn auch nur im bewachten Schloss Ahlden, tatsächlich möglich würde, dann blieb Hannover doch wieder beim Nein.

Neue Verhandlungen, als der Vater, 81-jährig, auf den Tod erkrankte. Wackerbarth schrieb in dieser Situation, Anfang Juni 1705, nach Hannover, die Prinzessin sei fest davon überzeugt, beim nahenden Tod des Vaters nach Celle oder Wienhausen gerufen zu werden, er, Wackerbarth, bitte darum um Verhaltensmaßregeln für diesen eintretenden Fall. Je mehr sich der Zustand des Kranken verschlechterte, desto mehr wuchsen nun Wunsch und Wahrscheinlichkeit eines Wiedersehens. Die Prinzessin traf schon Reisevorbereitungen. Aus Hannover kamen jedoch nur Hinhaltungen. Schließlich, am 28. August 1705, starb Herzog Georg Wilhelm in Wienhausen, ohne seine Tochter je wiedergesehen zu haben.

Die Nachricht vom Tode des Vaters erreichte die Prinzessin von Ahlden schnell, schon drei Stunden später stand ein Kurier vorm Tor. Erschütterung, Trauer und Enttäuschung, als es auch jetzt für sie verschlossen blieb. Keine Erlaubnis zur Teilnahme an den Bestattungsfeierlichkeiten. Aus Hannover kam nur kurz danach der Befehl, die Wachmannschaft in Ahlden sei alsbald auf den Kurfürsten Georg Ludwig, den rechtmäßigen Erben des Herzogtums Celle, zu vereidigen. Und dann die wohl schlimmste Nachricht: Im Übrigen bleibe in Ahlden alles beim Alten.

„Sie tut sehr kläglich", berichtete Wackerbarth zurück nach Hannover. Wie früher schon folgte darauf bei der Prinzessin eine längere Zeit der Depression, der Kränklichkeit und der gesteigerten Reizbarkeit gegen alles und jeden. Appetitlosigkeit, dauernde Klagen über Unpässlichkeiten, Wackerbarth kannte das: nach Perioden der Hochstimmung, der Hoffnung und Erwartung plötzlich dieser Umschlag in tiefe Mutlosigkeit und Verzweiflung. *„Sie ist sehr traurig und weint viel"*, so sein Bericht nach Hannover zu wiederholten Malen.

Die Prinzessin litt unter Befindlichkeiten, die Haftpsychosen gleichen. Übertriebene Hoffnungen werden plötzlich aufgebaut, meist geknüpft an ein durchaus reales Ereignis, die Wahrnehmung verzerrt sich aber, das unbedeutendste Ereignis im Einerlei des Alltags gewinnt auf einmal Zeichencharakter, wird eingebildetes oder vermutetes Anzeichen für das sehnsüchtig Erwartete und Erhoffte. Jede zufällige

Bemerkung, jede beiläufige Beobachtung, jede noch so harmlose Geste birgt ein Versprechen. Das nährt neue Hoffnungen, die sich steigern – dann, wenn alles sich plötzlich wieder in Luft auflöst, folgen Enttäuschung und Depression, tiefste Niedergeschlagenheit und Traurigsein.

Solche Stimmungslagen und -umschwünge kennzeichneten und bestimmten die Atmosphäre in Schloss Ahlden, sie griffen oft aufs ganze Haus über. Sie wiederholten sich in nahezu rhythmischen Abständen durch die Jahre und endeten regelmäßig mit Enttäuschungen, die schließlich in immer längere Phasen von Resignation und Lethargie mündeten.

Oft steckte bei der Prinzessin aber auch eine körperliche Krankheit hinter solchen psychischen Zuständen: Halsschmerzen, Mandelentzündungen, alle Arten von Erkältungskrankheiten mit Diagnosen wie *„Fluss auf der Brust“*, die man sich hier in dem nasskalten Klima zuzieht. Und manchmal wird so etwas auch nur vorgetäuscht: Der Leibarzt aus Celle reist dann an mit Arzneien und Emser Wasser, das bringt zwar wenig Linderung und kaum Heilung, doch wenigstens neuen Gesprächsstoff, einmal ein anderes Gesicht, eine Unterbrechung des Alltags. Schon dafür ist man dankbar, dem fiebert man entgegen.

Was fehlt, ist die Abwechslung, irgendetwas Neues, etwas Aufregendes, und sei es noch so kümmerlich und banal. Geradezu eine erregende Sensation, wenn, wie im Juni 1695, in Ahlden einmal etwas passiert, was nicht vorhersehbar ist und den gleichmäßigen Ablauf der Tage durchbricht. Von den Wachttruppen wird ein verdächtiger Mann aufgegriffen, der unbefugten Eintritt ins Schloss suchte. Was wollte dieser Mann? Er wird verhaftet und befragt. Wackerbarth führt die Untersuchung selbst. Er sei Kaufmann aus Leipzig und auf der Reise nach Bremen. Warum dann in Ahlden ins Schloss? Keine befriedigende Antwort. Der Mann wird abgeführt und zum Verhör nach Celle gebracht. Im Verhör vor dem Oberhofmarschall gibt er zu, dass er in Wahrheit der frühere Kammerdiener Johann Christian Winter aus Wolfenbüttel sei. Aus Wolfenbüttel? Im Auftrag von Herzog Anton Ulrich? Nein, es sei nur die Liebe zur verwitweten Kammerfrau der Prinzessin, Madame Schröder, die ihn ins Schloss getrieben habe. Er habe sie fragen wollen, ob sie seine Frau werden wolle. – Wirklich? Oder nur eine dumme Ausrede? – Dann soll er sie doch fragen! Allerdings nur unter Wackerbarths Aufsicht. – Tage später, wieder in Ahlden, kommt es tatsächlich zu diesem possenhaften Auftritt. Madame Schröder allerdings weiß von nichts und will auch von dem Kerl nichts wissen. Danach lässt man ihn laufen.

Endlich mal ein Gesprächsthema in Schloss Ahlden für Tage, ja Wochen! Was steckte hinter dem Ganzen? Und war das wirklich so harmlos, wie es ausging? Hatte nicht etwa doch der Wolfenbütteler Hof versucht, eine Geheimnachricht an die Prinzessin durchzuschmuggeln? Gerade hatte sich ja die Mutter Eleonore dorthin gewandt um Beistand wegen des

Asyls in Frankreich. Also vielleicht doch ein geheimes Zeichen für bevorstehende Rettung und Befreiung aus der Verbannung? Aber warum dann an die Prinzessin und nicht an die Mutter in Celle? – Oder doch nicht? War das alles nicht nur zum Lachen? Das Gesicht der Madame Schröder hätte man sehen sollen! Oder gar ein Spion? Aber was gab es hier zu spionieren? – Ein harmloser Irrer, genau wie im vorigen Jahr?

Auch da schon hatte Wackerbarth jemanden aufgegriffen, der der Prinzessin zwei Briefe und einen Pass vom Schwager der Knesebeck, Hans Friedrich von Metzsch, zutragen sollte. Beim Verhör des Mannes hatte sich herausgestellt, dass der Kammerdiener der Prinzessin, wahrscheinlich in ihrem Auftrag, Kontakte mit der Außenwelt aufgenommen hatte, und zwar mit der Gräfin Lewenhaupt, einer Schwester Königsmarcks. Das Ganze war dann, nach sofortiger Meldung nach Hannover, trotz aller anfänglichen Erregung bald wieder im Sande verlaufen. Geblieben war nur ein verstärktes Misstrauen, das sich in erhöhter Wachsamkeit bei Kontrollen niederschlug. Offenbar wurden doch Kontakte aus dem Schloss nach draußen angeknüpft und unterhalten, und in der Außenwelt war das Schicksal der Prinzessin von Ahlden weder vergessen worden noch war es allen längst gleichgültig.

Im Schloss jedenfalls damals wie jetzt wieder tage-, ja wochenlange Erörterungen. Eifriges Hin und Her der Meinungen, jeder hatte seine eigene, was wäre, wenn ... Man klammert sich geradezu an die Neuigkeit, zehrt an ihr, hofft auf eine Fortsetzung der Geschichte, auf eine Pointe.

Doch die bleibt aus. Erst Jahre später wieder ein ähnlicher Vorfall. Im April 1703 wird vorm Schloss erneut eine suspekte Person aufgegriffen, die sich durch seltsame Reden verdächtig gemacht hat. Bei seiner Festnahme leistet der Mann heftigsten Widerstand, zieht sogar seinen Degen, entschuldigt sich dann allerdings seltsamerweise dafür. Er sei Ritter des güldenen Vließes und Bruder des hannoverschen Brigardiers von der Schulenburg. Man kann feststellen, dass Letzteres sogar stimmt. Doch als er sein Ansinnen vorträgt, die Prinzessin fragen zu wollen, ob sie die ihm vom Kurfürsten versprochene *„Rittersfrau des Ritters vom güldenen Vließe"* sei, merkt man rasch, dass man es wirklich mit einem Irren zu tun hat. Es durfte gelacht werden, oder man konnte Mitleid haben. Und doch: wenigstens eine Unterbrechung und ein neues Thema im Schloss Ahlden. Wieder endlose Erwägungen, ob er wirklich irre war oder nicht. Vielleicht doch alles nur gespielte Komödie? Es könnte eben auch etwas ganz anderes dahinter stecken, etwas Ernstes und durchaus nichts Harmloses. Jemand hatte deutlich gehört ... und so weiter und so fort.

An einem warmen Sommertag des Jahres 1700 – es ist der 18. Juni – scheint sich plötzlich der sehnlichste Wunsch der Prinzessin, die Übersiedlung ins väterliche Schloss Celle, unerwartet zu erfüllen. Wackerbarth hatte in der Frühe eine Ordre des Herzogs

Herzogin Eleonore von Celle, Mutter der Kurprinzessin, Bomann Museum, Celle

Georg Wilhelm aus dessen militärischem Hauptquartier in Oldesloe erhalten, er möge die Prinzessin Sophie Dorothea unverzüglich, doch nicht ohne Benachrichtigung und Anfrage in Hannover, unter Geleit der Wachkompanie nach Celle verbringen. Grund und Motiv für diesen Befehl waren allerdings keineswegs Versöhnung und Freilassung aus der Haft, sondern kriegerische Ereignisse und Kriegsgefahren, die drohten. Seit Jahren befanden sich Hannover und Celle mit den Dänen im Kriegszustand. Noch Königsmarck hatte sein letztes Lebensjahr großenteils an der dänischen Front hinter Lüneburg und um Ratzeburg zugebracht. Jetzt war ein sächsisch-dänisches Hilfskorps, etwa 4000 Mann – die Dänen hatten sich inzwischen mit den Sachsen verbündet – von Süden her ins Lüneburgische eingefallen, dieser mit Verwüstungen und Plünderungen verbundene Vorstoß ins Kernland des Herzogtums löste Schrecken und schlimme Befürchtungen in Celle aus, aber auch Erwartungen und Hoffnungen in Ahlden.

Vielleicht doch ein verkappter Befreiungsversuch der Prinzessin durch die Sachsen und den König von Polen? August dem Starken war vieles zuzutrauen. Herzogin Eleonore, die gerade wieder einmal zu Besuch in Ahlden weilte, habe bei Tisch ihrer Tochter gegenüber geäußert, so schrieb Wackerbarth sogleich beunruhigt nach Hannover: *„Man kann nicht wissen, was die Sachsen im Sinn haben. Der König von Polen ist allzeit Euer guter Freund und Bruder gewesen, und weil man vor diesem gefürchtet hat, daß er Euch befreien möchte, so kann man nicht wissen, was geschehen könnte.“*

Herzog Georg Wilhelm von Celle, Vater der Kurprinzessin, Bomann Museum, Celle

Trotzdem drängte auch die Herzogin, um jeder Gewalttat zuvorzukommen, auf schnelle Abreise in die Festung Celle. Die Tore in Ahlden öffneten sich, und eine schwere, schwarze Kutsche mit Mutter und Tochter, begleitet von der Wachkompanie, verließ das Schloss in diese Richtung.

Nach mehr als sechs Jahren Isolierung und Ausgeschlossensein in der Haft erstmals wieder die alte Umgebung der Kindheit, die vertrauten Räume, das zum Teil noch bekannte Hof- und Dienstpersonal – scheinbar die Rückkehr ins frühere Leben! Nur: Der Vater war im Schloss Celle nicht anwesend, und er hätte auch jedes Zusammentreffen mit der Tochter vermieden. Sophie Dorothea spürte bald – und sie sollte das spüren – auch innerhalb der alten Umgebung blieb sie eine Ausgegrenzte, ja Aussätzige. Sie war nicht mehr dieselbe und dies nicht mehr dasselbe Schloss. Dass sie in prachtvoller Kleidung auf dem Schlosswall spazieren ging unter Bewachung und dabei immer eine schwarze Kappe vor dem Gesicht trug oder tragen musste, blieb der Stadtbevölkerung noch lange im Gedächtnis.

Trotz allem: tausendmal besser als das eintönige Gefängnis Ahlden, lang ersehnte Abwechslung, auch wenn das Neue das Alte war. Die beiden fürstlichen Damen bedrängten ihren auch hier amtierenden Aufseher Wackerbarth täglich, den Aufenthalt möglichst lange auszudehnen. Doch dieser erhielt, da der gegnerische Vorstoß schnell abgefangen werden konnte, sich auch keinerlei Anzeichen für einen Befreiungs- oder Entführungsversuch ergeben hatten, nur zu bald Befehl vom Herzog Georg Wilhelm, mit der Prinzessin und der Wachkompanie schnellstens nach Ahlden zurückzukehren. Am 10. August, nach gerade einmal drei Wochen, ist der Ausflug aus der Verbannung in früheres Leben schon wieder zu Ende.

Wieder quälende, gleichförmige fünf Jahre, bis sich Ähnliches wiederholt.

Diesmal, im Sommer 1705, ist es eine Evakuierung der gesamten Suite der Prinzessin wegen dringender Umbau- und Ausbesserungsarbeiten in Ahlden ins benachbarte, nur wenige Kilometer entfernte Amtshaus Essel – also lediglich eine Verlegung des gewohnten Lebens in der Haft an einen anderen Ort. Im Amtshof Ahlden, so die Begründung, sei der Ausbau des ganzen Treppenhauses unaufschiebbar geworden, was das Gebäude für zwei bis drei Monate als bewachte und gesicherte Residenz ungeeignet und unmöglich mache. Die Initiative dazu war vom Celler Hof ausgegangen, Hannover protestierte dagegen heftig: Essel sei zu wenig befestigt und letztlich ohne Schutz gegen Angreifer und ihre Machenschaften, sprich: mögliche Entführungsversuche. Auch für unerwünschte Besuche und Besucher sei Essel sehr viel leichter zugänglich, so die Bedenken. Dahinter steckte noch mehr und anderes, denn Celle reagierte darauf mit der Versicherung, Herzog Georg Wilhelm beabsichtige keineswegs, dorthin zu kommen, im Übrigen sei es wohl gleich, ob man die Prinzessin hier oder dort beaufsichtige und bewahre.

Für alle, für die Prinzessin wie für ihren Hofstaat, war es nach Jahren wieder zuerst eine erfreuliche und darum willkommene Abwechslung, nur zu bald allerdings auch eine unbequeme und ungeliebte. Alles musste improvisiert werden, nichts war wirklich vorbereitet und so, wie es sein sollte, und das, was anders hätte sein sollen, war letztlich wieder nur dasselbe. Am Ende, nach drei Monaten, Anfang September 1705, waren alle froh, ins gewohnte Ahlden zurückkehren zu können, das zudem fast einem Neubau glich.

Wie aus einem gescheiterten Abenteuer kam man zurück ins Übliche, in die alte verhasste wie vertraute Langeweile und Regelmäßigkeit, in das quälende und gewohnte Einerlei der Tage, wobei niemand sich wohl vorstellen konnte und wollte, dass dies der letzte Ausflug aus Ahlden und Aufenthaltswechsel gewesen sein könnte. Ahlden und seine Lebensordnung war und blieb das einzige zugestandene Leben. Allmählich verblasste alles, was vorher gewesen war, auch das, was dorthin geführt hatte. Es verschwand wie hinter einem geschlossenen Bühnenvorhang. Nur schemenhaft tauchte manchmal noch die Vergangenheit auf in Gesprächen und Rückblicken wie die Erinnerung an einen vor langer Zeit zu Ende gelesenen Roman. Auch ein Danach, ein Leben jenseits von Ahlden, war kaum mehr vorstellbar, war weder erkennbar noch denkbar. Wie die Vergangenheit so schwand auch die Zukunft als reale Möglichkeit in dem Maße, wie die Außenwelt aus dem Blickfeld geriet, wie die graue, bleierne Gegenwart der einförmigen, nicht änderbaren Alltäglichkeit von allem Besitz ergriff, ohne Hoffnung und Ziel.

Manchmal wohl noch Überlegungen und Träume: was wäre, wenn ...? Wenn man sich arrangiert hätte, sie, die Prinzessin, mit dem ungeliebten, stumpfen Ehemann, beide mit den höfischen Gegebenheiten: Sie säße jetzt wie er auf Englands Thron, Königin von England, mächtigste Frau in der Weltstadt London, Mutter des Thronfolgers, Glanz und Gloria. Der Ehemann weit weg in Hannover oder in einem anderen englischen Schloss mit anderen Frauen, man sähe sich kaum. Sie aber führt ein großes Haus, Konzerte, Bälle, interessante Besuche, Staatsverpflichtungen und Repräsentation wie früher, nur glänzender, die Königin von Preußen zum Beispiel, ihre Tochter, mit Schwiegersohn, täglich Empfänge, Theater – und Reisen, ja Reisen: ein Jahr in Italien, in Venedig wieder oder Rom! – Ein Flirt manchmal, eine Liebelei, nichts Ernstes mehr, aber die Möglichkeit und Freiheit dazu, die Freiheit, auch etwas auszuschlagen, die Freiheit, nein zu sagen, nein sagen zu können und zu dürfen, den Tag wieder beginnen zu können und nicht zu wissen, wie und wann und wo er endet ...

Oder: Königsmarck wäre noch am Leben. Zu zweit genießen, irgendwo. Außer Landes gegangen, geflohen. Mit Schande zwar, aber glücklich. Bescheidene, überschaubare Verhältnisse. Ein Landgut vielleicht, Ausritte, Jagden, Spaziergänge, Einladungen zum Tee, ein Picknick mit Freunden und jeden Abend die

Liebe. Keine Trennungen mehr, keine Ängste, keine Verpflichtungen gegen andere. Besuche von und bei Bekannten, nur so, wenn man will, ganz ohne Zeremoniell, kein Hof und keine Höflinge mehr, Gespräche, keine abgezirkelte Konversation und Etikette. Natürlich sein und sich geben wie die Kinder. Lachen, singen und immer nur den einen bei sich und um sich, den einen, den man liebt. Gemeinsam die Freiheit zu reisen, abwechslungsreiche Tage zu zweit, mal dies, mal das ...

Oder wieder in Celle. Königsmarck war tot, aber das Leben einer geschiedenen Kurprinzessin am Hofe der Eltern in Celle. Wohnung in einem Flügel des Schlosses, von ihr selbst ausgewählte und bestimmte Hofdamen, eigene Gesellschaften geben, selbst bestimmen, wann und wen ...

Oder im Exil, wenn man sie denn einmal noch aus Ahlden entließe. In Paris etwa ein Palais oder wie damals die Mutter in Holland. Einen Salon, immer neue, interessante Menschen. Eine Dame mit Vergangenheit, geheimnisumwittert, und eine Runde von Künstlern zu Gast, um sie geschart. Und dann selber Gast sein bei Gleichgesinnten und Schicksalsgenossen, die weite Welt, Einkäufe in der Großstadt, Kutschfahrten, eine Badereise ...

Alles nur Träume ...

Stattdessen hier in Ahlden gefangen, gebunden, unfrei, beaufsichtigt, kontrolliert und bewacht, nicht auszudenken, wenn Ahlden für immer – noch war sie eine junge Frau, noch hatte sie Aussicht, ja ein Recht auf Zukunft ...

Dann wieder die Erinnerungen, freudige und schmerzliche, an Gewesenes, an das, was geschehen war an diesem Julitag des Jahres 1694, der alles verändern sollte, und an das, was dem vorausging. Manchmal Reue, Selbstanklagen: wie konnte man nur! Und dann: hätte, hätte, hätte ... Doch auch Stolz und tiefe Erbitterung, sie war doch, trotz allem, im Recht! – Aber besser: nicht daran rühren, vergessen! Wie dumm war man gewesen, dumm und unerfahren. Man hätte es besser wissen können, besser machen können, besser haben können ... Man hatte ja keine Ahnung gehabt, keine Vorstellung von dem, wozu man in Hannover fähig war! Doch das nützte jetzt nichts mehr, jetzt war man in Ahlden gefangen ...

Jetzt war alles zu spät ...

Doch nicht nur die Prinzessin in Ahlden litt, auch Eleonore von dem Knesebeck, ihre ehemalige Hofdame, die „Confidente", saß gefangen. Auf der Feste Scharzfeld hatte sich ihre Isolationsfolter bis uns Unerträgliche gesteigert. Die Mitwisserin und, so sahen es die zuständigen Behörden, auch Mitschuldige am Vergehen der Prinzessin hatte es noch schlimmer getroffen. Auch sie saß buchstäblich in einem Käfig, der jedoch alles andere als vergoldet war, ein hoch gelegener, unzugänglicher und verschlossener Raum in einer Bergfestung, die Fenster mit Brettern vernagelt, ohne Hofstaat und üppige Versorgung. Keine vornehme Festungshaft wie in Ahlden, sondern wirkliches Gefängnis mit Hunger, Schmutz und täglicher

Schikane. Aber sie hatte der Prinzessin etwas voraus: die Sympathien und familiäre Hilfsbereitschaft einer entschlossenen und tatkräftigen Verwandtschaft.

Wie schon in Springe waren bald auch in der Umgebung von Scharzfeld den Bewachern verdächtige Personen erschienen, oft nur schlecht maskiert und verkleidet, die sich im Ort und in den umliegenden Ortschaften nach der Gefangenen, ihrer Unterbringung, nach ihrer Bewachung und nach den Bewachern erkundigten, aber auch nach Berufen und familiären Umständen der Dorfbewohner, nach deren Fertigkeiten und Gewohnheiten, nichts schien unwichtig. Und auch die Gefangene ließ nichts unversucht, mit der Außenwelt Kontakte herzustellen, über das Wachpersonal oder Bedienstete und Handwerker. Sie machte sich, wo sie konnte, bemerkbar und schrie ihr Unrecht regelrecht heraus, sie gebärdete sich als eine äußerst unbequeme Gefangene, renitent und mit Flüchen und Schimpfreden nicht gerade zimperlich. Jeder hatte von ihr gehört und konnte sie hören, sie war sozusagen Dorfgespräch in und um Scharzfeld. Sie hatte auch schon versucht, um Nachrichten durch ein Ofenrohr nach draußen zu schmuggeln, einen ihrer Bewacher zu „ködern“, war aber, da sie dabei an einen Invaliden geriet, der von der angestellten Leiter stürzte und so ungewolltes Aufsehen erregte, kläglich gescheitert.

Die Knesebeckschen Verwandten, allen voran der Schwager Friedrich von Metsch, planten Ähnliches und mehr. Bei Streifzügen durch die umliegenden Ortschaften und bei abendlichen Wirtshausgesprächen stießen sie auf einen Dachdecker namens Rentsch, auch Ofensetzer, Töpfer, Uhrmacher und Büchsenmacher, einen beherzten Alleskönner, wie er nicht nur selber von sich behauptete. Er war zudem ein genauer Kenner der Örtlichkeiten auf der Festung, der dort schon Dachausbesserungen durchgeführt hatte und für weitere hinzugezogen werden sollte. Im Laufe des Sommers gelang es dem Schwager Friedrich von Metsch, diesen Rentsch, der in angespannten ehelichen Umständen lebte und schon länger diesbezüglich Flucht- oder Absetzungsgedanken aus Scharzfeld hegte, mit einer größeren Geldsumme zu ködern. Dieser nahm darauf bei neuerlichen Reparaturarbeiten auf dem Dach der Feste, unbemerkt durch die Wachtposten, Kontakt mit der Gefangenen auf und traf mit ihr mündliche wie schriftliche Abreden. Er besorgte dann einige Tage später, ebenso unbemerkt, im Nachbarort eine große Menge von Hanfstricken, und in der Nacht vom 4. zum 5. November 1696, einer dunklen und windigen Spätherbstnacht, gelang ihm etwas, zu dem ihm *„der Teufel geholfen haben muss"*, wie sich später die ermittelnden hannoverschen Behörden staunend äußerten.

Und in der Tat ist erstaunlich und kaum vorstellbar, was der Dachdecker Rentsch in dieser Nacht bewerkstelligte und auf was sich das ehemalige Hoffräulein, die „Confidente", in mündlichen und schriftlichen Abreden eingelassen hatte. Rentsch erkletterte in stockfinsterer Nacht den Burgfelsen, der bis dahin für unersteigbar gegolten hatte, überstieg die Festungsmauer und gelangte, mittlerweile auf Gebiet, auf dem er sich auskannte, auf den Dachboden über dem Raum, in dem die Knesebeck gefangen gehalten wurde und auf ihn wartete. Er brach von oben ein zwei mal drei Spannen (ca. 40 mal 60 cm) großes Loch durch die Decke und zog die Gefangene, samt ihrer wichtigsten Habe, zu sich hoch in den Bodenraum, von wo aus er über einen weiteren Dachboden, den des Zeughauses, und von dort mit Stricken und Seilen auf den Felsboden der Festung und dann wiederum mit Seilen und Stricken an den Fuß des Burgfelsens mit seiner Last entkam. Insgesamt 20 Meter betrug die Höhe, aus der sich der Befreier mit der Knesebeck abseilte – in der nächtlichen Dunkelheit für beide Beteiligten eine wagemutige und für Madame *„Krumbugeln"*, so hatte Königsmarck die Knesebeck wohl wegen einer leichten Körperbehinderung immer genannt, eine kaum glaubliche Leistung.

Unten angekommen, warteten vier Männer auf sie mit fünf Pferden, als „Polacken" verkleidet und kostümiert, die sich bis ein Uhr in einem Dorfkrug in der Nähe aufgehalten und als Offiziere auf der Heimreise aus Ungarn ausgegeben hatten. Ihr Anführer war natürlich niemand anderer als der Schwager der Knesebeck, Friedrich von Metsch, als königlich polnischer Kammerjunker war er als Einziger auch wirklich in polnischer Tracht. Man saß auf, und als der Tag graute, war man bereits auf dem Weg zur nahen Landesgrenze, einzig einige Fußspuren, unter ihnen die Abdrücke hoher Damenabsätze, hinterlassend sowie abgerissene Zweige an den Büschen des Felsens. In Herrhausen bei Seesen, schon nicht mehr auf hannoverschem, sondern auf Wolfenbütteler Gebiet, wartete dann ein Wagen, der das Fräulein Eleonore von dem Knesebeck, erschöpft, aber in Sicherheit, nach Braunschweig brachte.

Die Täuschung der Wachmannschaften auf dem Scharzfeld, die sie selbst inszeniert hatte, hielt noch eine Weile an. Erst gegen Mittag *„wagte"* man dort ihr Entkommen zu entdecken, denn sie hatte, eben um sich genügenden Vorsprung zu sichern, ihre Wächter in den letzten Wochen durch fortwährende Proteste und anhaltendes Zetern raffiniert dazu *„bewogen"*, sie niemals morgens vor elf oder zwölf Uhr zu wecken. Als man nun vor dem leeren Bett in der leeren Kammer stand, fand man nichts als ein grandioses Pamphlet vor: Die Wände des verlassenen Gefängnisses waren vollständig beschrieben und bekritzelt mit Inschriften und Versen im Stil geistlicher Dichtungen und in der Sprache evangelischer Kirchenlieder, die sich als wüste Anklagen gegen die hannoverschen Behörden entpuppten, auch Flüche gegen einzelne Bewacher und, an zentraler Stelle, sogar die *„Prophezeiung"* der eigenen Flucht:

„Zerbrich, zerbrich Schlösser, Thüren,
Starker Gott, zerschmettre Du
Riegel, Mauern, laß mich führen
Deine Engel, daß ich nu
Mit Dir kann vom Felsen springen,
Laß den Wächtern nicht gelingen,
Diese meine Flucht zu sehen.
Wie Elisa laß mich gehen."

So überglücklich über die gelungene Flucht Eleonore von dem Knesebeck auch war und blieb, so wütend und weiterhin erbost war und blieb sie über das, was sie durchmachen und erleiden musste, und darüber, dass überhaupt so etwas über sie verhängt und ihr zugemutet wurde. Ihre Hauptwut richtete sich gegen Hannover, die kurfürstliche Herrschaft wie die Behörden, aber auch gegen die Prinzessin von Ahlden als die letztliche Urheberin des Ganzen. Das Ziel ihrer Flucht, Braunschweig, war auch kein Zufall gewesen. Nirgends konnte die Knesebeck so gewiss sein, Verständnis und Hilfe zu finden wie im Lande Herzog Anton Ulrichs, der sich mit Hannover wegen dessen Erhebung zum Kurfürstentum verfeindet hatte. Er hatte sich schon für die Herzogin Eleonore und die Kurprinzessin eingesetzt, als sie nach ihrer Verhaftung und ihrem Verschwinden in der Festungshaft totgesagt und betrauert worden war. Im bewachten Bereich der Braunschweiger Burg bezog die Knesebeck jetzt ein Asyl, in dem sie mit ihrer Schwester und dem Schwager von Metsch vor weiterer Verfolgung sicher war. Ihr eigentliches Ziel allerdings war Wien, um sich dort in den Schutz des Kaisers zu begeben. Da man in Hannover ein „Kopfgeld" auf sie ausgesetzt hatte, 2000 Taler bei ihrer Ergreifung, ließ sie aber verbreiten, sie wolle sich nach Polen oder Ungarn begeben.

Inzwischen war auch der Hof in Celle von den hannoverschen Behörden informiert worden. Man befürchtete eine Kontaktaufnahme des ehemaligen Hoffräuleins über Braunschweig mit der Prinzessin in Ahlden, vielleicht auch die Anregung und Wiederholung eines derartig dreisten Fluchtversuchs. Doch am 11. November schon verließ Eleonore von dem Knesebeck Braunschweig wieder, um auf Umwegen Wien zu erreichen – und nicht ohne sich vorher am Hofe in Braunschweig von ihrem jahrelang angestauten Hass gegen alles Hannoversche und insbesondere gegen die Gräfin Platen erleichtert zu haben, wobei sie offenbar bewusst den Eindruck zu erwecken suchte, dass sie noch weiter „auspacken" und Geheimnisse und Vertuschungen in der Affäre Königsmarck preisgeben und aufdecken könnte.

In Wien angekommen, erhielt sie am 7. Januar 1698 ein „Protektorium", das ihr Kaiser Leopold I. gewährte und das Schutz und Hilfe des Reiches bedeutete wegen der ihr widerfahrenen Rechtsverweigerung in Hannover. Damit zog sie sich dann, wieder auf Umwegen, auf die Güter ihrer Familie zurück und lebte danach auf verschiedenen Besitztümern ihrer näheren oder ferneren Verwandtschaft. Auf einem dieser Güter hielt sich inzwischen auch, längst unter einem anderen Namen, der aus hannoverschem Gebiet und von seiner Familie entflohene Dachdecker Rentsch auf, der Alleskönner aus Scharzfeld.

Von all dem erfuhr die Prinzessin Sophie Dorothea in Schloss Ahlden nichts. Auch nichts davon, dass ihre ehemalige „Confidente", gerade aus Wien zurück, im Februar 1698 eine Eingabe machte an den Vater, Herzog Georg Wilhelm von Celle. Richtiger handelte es sich um einen Bittbrief. Nach der Versicherung, sie, die Knesebeck, habe immer nur die Unschuld seiner Tochter standhaft vertreten und verteidigt, dafür aber ganz schreckliche Verfolgungen und *„eine mehr als dreijährige tormentierliche Gefängnis"* erlitten, folgte eine genaue Spezifikation und penible Aufzählung der in ihrer Haftzeit verschwundenen oder verdorbenen Sachen aus ihrem persönlichen Besitz im Gesamtwert von genau 1766 Talern und 9 Groschen. An diesem ihr zugefügten finanziellen Schaden, so wird ganz offensichtlich zwischen den Zeilen zu verstehen gegeben, sei einzig und allein die Kurprinzessin schuld und dafür auch ersatzpflichtig. Und ebenso offensichtlich wurde dieser Brief in Celle auch so verstanden. Schon im März wurden Eleonore von dem Knesebeck *„im Auftrag der Kurprinzessin"* 780 Taler durch den Wolfenbüttelschen Hofjuden Philipp Arens ausgezahlt – zu wenig, wie offenbar das ehemalige Hoffräulein fand, denn auf dem gleichen Wege wurde ihr nochmals im Jahre 1704 ein Betrag von 1200 Talern überwiesen. Da aber musste sie die Anweisung, diesmal von der Herzogin von Celle gezeichnet, mit dem Zusatz quittieren, *„hinfort nichts mehr von der Curprinzess zu fordern"*. In Celle fürchtete man wohl weitere erpresserische Forderungen und versuchte so dem Ganzen ein Ende zu setzen.

Und es dauerte tatsächlich sechs Jahre, bis Eleonore von dem Knesebeck sich wieder schriftlich zu Gehör brachte, diesmal postalisch in Ahlden, mit einem Brief zwar nicht direkt an die Kurprinzessin, aber mit einem längeren Schreiben an deren im Jahre 1707 in Ahlden neu eingesetzte Gesellschafterin, die

Hofdame Malortie, wobei sie einen Brief, an die Prinzessin selbst gerichtet, beilegte. Eleonore von dem Knesebeck muss also über die wechselnden und die gegenwärtigen Personalverhältnisse im Schloss Ahlden gut informiert gewesen sein, wahrscheinlich durch und über in Ahlden und Celle ansässige Dienerschaft und Dienstboten. Und sie wird ebenso aus eigener Erfahrung in ihrer Gefangenschaft gewusst haben, dass Briefe direkt an die Inhaftierte zu adressieren und zu senden sinnlos war, da die ausgeübte Zensur sie abfing und die so Angeschriebene nie davon erfuhr. Das heißt aber auch: Sie musste mit Sicherheit damit rechnen, dass ihre Briefe von den zuständigen Behörden in Hannover gelesen wurden. Und das sollten sie in ihrem Falle auch! Das war zweifellos mit ein Zweck ihrer Aktion.

Eleonore von dem Knesebeck war durch das, was sie wegen der Ereignisse seit Sommer 1694 durchgemacht hatte und als arme Verwandte, immer noch angewiesen auf die Unterstützung durch reichere Verwandtschaft, aufs Äußerste erbost und verbittert: Tenor ihrer Briefe ist neben dieser Klage die Anklage, ja Verwünschung und Vedammung der ihrer Meinung nach allein Schuldigen an der ganzen Misere, verbunden mit deutlichen Bitten und Forderungen um Geld. *„Es hat zwar Ihre Durchlaucht die Herzogin von Celle mir 1200 Taler aus Gnaden gegeben“*, aber dieses Geld habe sie wieder verloren bei dem Bankrott eines Kaufmanns in Quedlinburg, bei dem sie es angelegt hatte. Jetzt fehle es ihr am Nötigsten, vor allem an Kleidung. Von der Kurprinzessin und dafür, dass sie ihre Ehre habe *„mit 3järiger Gefenckniss und viel Million Tränen, Angest, Furcht und Schrecken retten wollen“*, habe sie keinen Groschen gekriegt, obwohl die Prinzessin versprochen hatte, für sie zu sorgen. Nur *„von Wind und Undanckbarkeit“* könne sie, das ehemalige Hoffräulein, aber nicht leben.

Und nun rührt das Hoffräulein mit Absicht die gemeinsame Vergangenheit wieder auf und spielt sie als Beleg und Beweis für diese Undankbarkeit gegen offensichtlich kursierende Gerüchte und falsche Meinungen aus. Sie, die Beteiligte und Augenzeugin, habe gehört, die Kurprinzessin gebe ihr alle Schuld an dem Vorgefallenen. Die Kurprinzessin war damals aber *„von 28 Jahren und hette sich durch mich verführen lassen? ... Habe ich ihr nicht gesagt: ‚Durchlaucht, so wahr alss Gott im Himmel läbet, diss wirt auskommen! Die Platen wird mahl ein Brief auffangen, da sind wir alle 3 verloren.‘ Da sagete sie: ‚Daß hat keine Noht, wen Ihr's nicht ausbringet, so wirt's nicht auskommen, und ich will Euch mehr Guhtes tuhn, als Ihr nicht glaubet.‘ Ich sagete: ‚Wen wir aber alle 3 im Gefenkniss sitzen, wehr wil mir denn helffen?‘ Da sagete sie: ‚Das hat keine Gefahr‘“ ... „Auch da ich ihr sagete in den 12 Tagen, da ich noch frey war nach des Grafen Verlust, daß Maitsch* (d.h. ihr Schwager Metsch) *mich salviren wollte, sie mich mit Tränen um den Hals fiel und sagete, ich würde sie durch meine Flucht coupabel machen, drum bete sie mich um tausend Gottes willen, ich sollte bleiben; wen ich gleich arretiret wäre, so würde ich müssen ein Eyt schwären* (= einen Eid schwören)*, ob sie schuldig oder unschuldig wehre, alsden würde ich schon wieder loskommen.“* Sie, die Kurprinzessin, würde sich nach Wolfenbüttel begeben, dort ein Haus mieten und täglich nach Hofe gehen, *„nachdem wollte sie mich ihr Läbtage versorgen"*.

Die ganze Argumentation wird dann zusammengefasst in der Formulierung mit gleichsam sprechender Schreibweise: *„UN-DANCK-BA-RE Curprincess."* Dem folgen aber noch weitere wilde Schmähungen: Die Kurprinzessin habe 18000 Taler im Jahr *„einzukommen"*, die sie aber lieber *„für schöne Kleider nach Paris"* schicke. Eleonore von dem Knesebeck war erstaunlich gut und präzise informiert. Die Kurprinzessin, fuhr sie fort, gedenke ja auf nichts als ihre Eitelkeit – 24 Jahre sei ihr, der Knesebeck, dies bekannt. Gott möge die Princess so lange strafen, bis sie zur Erkenntnis ihrer Eitelkeit käme, damit sie noch selig sterben könne! Und diese Schmähung gipfelt in dem an die Prinzessin selbst gerichteten Brief in dem anklagenden Nachsatz: *„Ich höre den armen Angeau lassen Sie auch in Hannover verhungern."*

Angeau war ein alter, ehemaliger Kammerdiener der Prinzessin. Das Schreiben an die Hofdame Malortie schließt dann sogar mit einer Drohung: Sie, die Knesebeck, werde als ehemaliges Hoffräulein nach Hannover gehen und vor dem Kurfürsten dort, also vor dem Betrogenen, einen Fußfall tun *„ums Gnadenbroht"*. Und sie sei sich seiner Gnade sicher, er werde gewähren, was die Kurprinzessin ihr verweigere, *„ins Gefenkniss wirt er mich nicht wieder setzen"*.

Diese Schmähbriefe aus tiefster Erbitterung und auch wohl Verzweiflung der ehemaligen „Confidente" – nebenbei der einzig erhaltene Augenzeugenbericht eines unmittelbar Beteiligten an den Vorgängen vor und nach dem 11. Juli 1694 im Leine-Schloss, allerdings im Nachhinein und viele Jahre später – sind im Staatsarchiv Hannover erhalten geblieben, was besagt, dass sie vom Nachfolger Wackerbarths, Villars-Malortie, der die Zensur in Ahlden ausübte, abgefangen und ordnungsgemäß an die dortigen Behörden gesandt wurden. Wie gesagt, das war wohl von der Schreiberin einberechnet. Die Prinzessin Sophie Dorothea wird, so ist anzunehmen, nichts von ihnen und ihrem Inhalt erfahren haben.

Oder doch? – Schwer vorstellbar, dass die Mutter, Herzogin Eleonore, bei ihren häufigen Besuchen in Ahlden von den Geldforderungen und -zahlungen an die Knesebeck nichts erzählt haben sollte. Vielleicht aber war auch sie nicht eingeweiht, vielleicht handelten die Celler Behörden zwar in ihrem Namen, doch ohne ihr Wissen. Wie weit beide, Mutter wie Tochter, überhaupt über offizelle Vorgänge an den Höfen unterrichtet waren, ist nicht bekannt. Ihre Korrespondenz zwischen Celle, später Lüneburg, und Ahlden hat sich nicht erhalten. Erkennbar ist nur das eifrige Bestreben, nicht an Vergangenes zu rühren, am Hofe in Hannover sowieso, aber auch in Celle, und, wenn es wieder hochkam, wie im Fall Knesebeck, und virulent wurde, es sofort zu unterdrücken. Immer noch galt es, die Affäre Königsmarck mit allen Mitteln zu vertuschen, ihren Zusammenhang mit dem Schicksal der Prinzessin von Ahlden und ihren katastrophalen Ausgang zu leugnen. Eleonore von dem Knesebeck war – das wussten die Behörden natürlich – die „Confidente“ des skandalösen Liebesverhältnisses gewesen, ihr war offiziell sogar die Rolle einer Schuldigen an der Scheidung zugewiesen worden. Sie galt als diejenige, die die Entfremdung des Kurprinzenpaares geschürt und gefördert haben sollte. Insofern hätte man jetzt, über 15 Jahre danach und auch schon vorher, hinsichtlich der Schuldfrage der Prinzessin und des Liebesverhältnisses zu Königsmarck von ihr eigentlich nichts mehr zu befürchten brauchen. Ihr blieb ja gar keine andere Wahl, als die Kurprinzessin weiterhin für schuldlos zu erklären! Sie hätte sonst den Ast, auf dem sie selber saß, angesägt und ihre Haft als durchaus gerechtfertigt erscheinen lassen. Solange sie diese aber als rechtlichen Willkürakt, als ein ihr angetanes Unrecht darstellte und auch einklagte, musste sie das Wissen um den Ehebruch und diesen selbst hartnäckig weiter leugnen.

Wie die Prinzessin dachte und fühlte, was sie überhaupt von all dem, was wirklich mit Königsmarck und allen Beteiligten und Mitwissern geschehen war, und ab wann sie davon wusste, ist nicht mehr feststellbar oder rekonstruierbar. Dazu fehlen jegliche Dokumente, in denen sich die Prinzessin selbst ausspricht. Dass die reuevollen Eingeständnisse ihrer Schuld in den Gnadengesuchen nur Zweckcharakter hatten und nicht in dieser Weise ihr eigentliches Denken widerspiegeln, davon kann man ausgehen. Wie aber dieses eigentliche Denken und Fühlen wirklich beschaffen war, ob es Reue war oder Stolz oder Trotz, ob es von Anfang bis Ende gleich blieb oder ob es sich und wann es sich eventuell änderte oder radikal umkehrte – davon ist nichts bekannt. Es hat sich kein Dokument aus den Jahren nach 1694 erhalten, das in das Innere der Prinzessin sehen lässt oder Rückschlüsse auf ihre Sicht der Ereignisse und Personen zuließe. Sicher ist, dass von außen alles getan wurde, um die Vergangenheit ruhen zu lassen. Welche Rolle diese Vergangenheit im Inneren der Prinzessin jedoch spielte, ist unbekannt. Ob der Vorwurf der Undankbarkeit, wie die Knesebeck ihn erhob, gerechtfertigt war oder nicht, ist darum schwer zu sagen. War die Verweigerung finanzieller Hilfe an die ehemalige „Confidente" überhaupt eine Entscheidung und Tat der Prinzessin oder die Tat anderer? Was stand in der Macht und Verantwortung der Prinzessin und was wurde von außen erzwungen? Lebte sie im goldenen Käfig von Ahlden nur egoistisch ihrer Eitelkeit, wie die verbitterte Hofdame meinte, oder wurde sie an jedem Altruismus, an jeder Form einer Wiedergutmachung oder Unterstützung von anderen gehindert? War es ihr doch in jeder Hinsicht strikt verwehrt, nach außen hin zu handeln und zu agieren, wie sie wollte.

Nur so viel steht fest: Innerhalb des ihr zugestandenen und zugewiesenen Schloss- und Lebensbereichs verhielt sie sich anders, als die Knesebeck es ihr vorwarf. Hier übte sie die von der Herrschaft erwartete Wohltätigkeit großmütig aus durch regelmäßige Spenden, Jahresgelder und Legate an Bedürftige. Ihre Freigebigkeit hielt sich dabei allerdings im üblichen Rahmen und ging niemals über diesen hinaus, möglicherweise wurde dieser Rahmen ihr durch die überwachenden Behörden auch vorgegeben und abgesteckt. *„Auf der Promenade“*, d.h. auf ihren bewachten Spazierfahrten, hielt sie sich ebenso an übliche Gepflogenheiten. An Arme und Elende, die die Landstraßen auch in dieser wenig besiedelten Gegend bevölkerten, wurden immer reichliche Almosen und milde Gaben verteilt, besonders zu hohen Fest- und Feiertagen. Auch Trinkgelder an Handwerker, Diener und Soldaten im Schlossbereich waren üblich und wurden von der Prinzessin oder in ihrem Namen gegeben. Als am 25. April 1715 fast das ganze Dorf Ahlden durch eine Feuersbrunst vernichtet wurde, half Sophie Dorothea durch erhebliche Geld- und Sachspenden. Wie wenig sie jedoch dabei frei in ihren Taten und Entscheidungen war, zeigt die Reaktion des hannoverschen Ministeriums auf das großzügige Angebot der Prinzessin, die Familien ihrer Bediensteten, die im Ort durch den Brand obdachlos geworden waren, im Schloss aufzunehmen. Per Eilentscheidung wurde aus Hannover sofort verfügt, diese Brandgeschädigten stattdessen in eine Nachbargemeinde umzuquartieren. Offenbar hatte man Angst vor Unbefugten und laxen oder gar keinen Kontrollen im Schlossbereich. Die spätere Spende der Prinzessin für eine *„Feuersprütze“* dagegen wurde dankend und ohne Komplikationen angenommen.

Alles in allem: Selbst innerhalb des Schlossbereichs Ahlden war die Prinzessin in wirtschaftlich-finanziellen wie in moralischen Entscheidungen nur bedingt frei, nach außerhalb stieß ihr Tun sofort an gesetzte, bewachte und kontrollierte Grenzen. Persönliche Entscheidungen und Entschlüsse lagen dem, was Sophie Dorothea nach ihrer Festsetzung in Ahlden noch für andere nach außen hin tun und bewirken konnte, nicht mehr zugrunde, auch dem nicht, was sie nicht tat oder geschehen ließ. Sie war rechtlich wie auch gleichsam moralisch entmündigt. Insofern stießen alle Vorwürfe ihrer ehemaligen Hofdame Eleonore von dem Knesebeck, so sehr sie für diese selbst auch subjektiv berechtigt und begründet erschienen, ins Leere.

Im Schloss Ahlden unterdes wie immer gleichförmige und geregelte Tage, Ablauf und Folge der Jahreszeiten, Tag um Tag, Jahr um Jahr. Die Gesellschafterin de la Bessiére ist alt geworden und schwächlich, sie wurde im Jahre 1707 durch die jüngere Frau de Malortie ersetzt, wohl eine Empfehlung der Mutter aus Celle, aber die Anstellung erfolgte auf Kosten der Prinzessin. Daneben noch eine zweite, diesmal deutsche Hofdame, die Witwe von Arnswaldt – geringe Abwechslung, ein paar neue Gesichter, kurzzeitig auch neue Gespräche.

Zwei Jahre zuvor war Frau von Wackerbarth gestorben, wenig echte Trauer im höfischen Part der Schlossgesellschaft, aber es ergab sich zumindest die Spannung, ob Wackerbarth wieder heiraten würde und wann und wen. Vorübergehend fungierte eine fast achtzigjährige Tante von ihm als Hofmeisterin – zum Einschlafen, man hätte lieber etwas Jüngeres gehabt.

Vier Jahre später stirbt Wackerbarth selbst, ohne wieder geheiratet zu haben, sein Nachfolger wird

Gabriel de Villars-Malortie, auch er eigentlich nichts Neues: er hatte Wackerbarth schon früher bei Abwesenheiten vertreten, ein aus Frankreich stammender Hugenotte, außerdem ein kränkelnder Mann, weinerlich, schon wenige Tage nach Dienstantritt brach er zu einer Badereise auf, die sich fast jährlich wiederholte. Als sein Vertreter erschien der Herr von Wense aus Lauenau, wieder ein schon lange Bekannter und nur mäßig beliebter. Aber wenigstens ein neuer Pastor wurde eingestellt: Casaucau, der der Prinzessin und ihrem Hofstaat von Anfang an als Seelsorger zugeteilte reformierte Prediger, der regelmäßig Morgen- und Abendandachten hielt, wurde 1707 durch den Ahldener Pfarrer Seelhorst abgelöst. Während Casaucau als Angehöriger des Hofstaates auch im Schloss wohnte und wohnen musste, betreute der 35-jährige, evangelisch-lutherische Pastor eigentlich die Pfarrgemeinde Ahlden und wohnte auch dort. Er kannte alle im Dorf und viele in den Nachbargemeinden, so kamen jetzt manchmal Neuigkeiten aus der näheren und weiteren Umgebung ins Schloss, überhaupt stellte der neue Pfarrer eine Brücke nach draußen dar, weil sich oft auch Personen an ihn wandten, die in irgendeiner Weise und zu irgendwelchen Zwecken mit der Prinzessin in erlaubte oder unerlaubte Verbindung zu treten versuchten. Trotz seiner letztlichen Loyalität gegenüber den hannoverschen Behörden blieb Pastor Seelhorst bei seinen Besuchen immer ein Bote aus der verbotenen Außenwelt, seine allsonntäglichen Predigten und die Unterhaltungen mit ihm waren willkommene Unterbrechungen und brachten stets etwas Neues.

Ansonsten das Übliche: Morgen- und Abendandachten, Handarbeiten, Mahlzeiten, Spaziergänge im Hof, Aufstehen und Schlafengehen, kaum Lektüre, selten nur liest eine französische Hofdame mal etwas vor, keine Musik, schon gar nicht Theater, Tanz, Gesang. Manchmal zieht eine durchwandernde Musikgruppe im Schlosshof auf, die dann etwas vorspielt – das ist alles.

Viel Ärger mit dem Personal. Immer wieder Spannungen zwischen den französischen und den deutschen Bediensteten und Angehörigen des Hofstaates, Intrigen, Querelen, Hass und Eifersucht. Die Prinzessin spricht meist Französisch, selten Deutsch, nicht alle deutschen Bediensteten aber verstehen Französisch. Die Prinzessin bevorzuge die Franzosen, heißt es darum schon bald bei den Deutschen. *„Sobald Franzosen vorhanden sind, haben selbige das pré und gelten wir gar wenig"*, schrieb selbst Wackerbarth nach Hannover und stieß damit in dasselbe Horn. Bloß nicht noch mehr Franzosen, da, wenn keine Franzosen in der Nähe, *„die Princessin Durchlaucht sich gleich viehl gnädiger gegen uns andere erzeigt"*. Und überhaupt Wackerbarth! Die Prinzessin mochte ihn von Anfang an nicht und hat in fünfzehnjähriger Haft ihren Oberaufseher gründlich hassen gelernt. Er hätte ein krankhaftes Misstrauen gegen sie, habe *„plumpe Manieren"*, so die Prinzessin, er ist unwahr, grob und überhaupt unausstehlich. Mehrmals hatte sie sich schon geweigert, ihn noch weiterhin zu empfangen, schließlich ignorierte sie ihn einfach. Wenn er sie bedienen will, lässt sie die Tafel abräumen, Wackerbarth beschwerte sich natürlich darüber in Hannover. Aus Hannover nur hinhaltende und nichtssagende Antworten: Der Oberhofmeister solle seine Anweisungen befolgen, sonst gar nichts. Die gleichen Querelen später mit seinem Nachfolger Malortie, nur die Gründe, Zwecke und Themen sind andere und wechseln, sonst immer dasselbe.

So ging und geht es jahrelang, tagaus, tagein.

Manchmal wieder, wie früher schon, im Abstand vieler Jahre eine kleine Sensation, Schrecken und ersehnte Abwechslung. Wieder hat einer versucht, heimlich ins Schloss einzudringen, in einer finsteren und stürmischen Winternacht. Der vor sich hin dämmernde Wachtposten unter dem Tor des Pforthauses sieht plötzlich einen Mann vor sich stehen, und dieser fragt mit fremdländischem Akzent nach der Uhrzeit. Der verblüffte Posten antwortet *„zwei Uhr"*, aber da ist der Fremde schon wieder im Dunkel verschwunden. Der Soldat kann nur noch mehrmals „Halt" schreien, aber nicht mehr von seiner Waffe Gebrauch machen. Vielleicht eine Traumerscheinung oder Sinnestäuschung? – Aber da entdeckt man, dass das kleine Pförtchen an der Zugbrücke offen steht, obwohl der wachhabende Offizier sich genau erinnert, es kurz vor ein Uhr selbst verschlossen zu haben. Man stürmt ins Dorf, Fremde, die im Dorfkrug übernachten, werden aus den Betten geholt und befragt. Aber keiner spricht einen fremdländischen Akzent. Auch in den umliegenden Dörfern ist kein Fremder gesehen und gehört worden. Was sollte also das Ganze? Ein Scherz? Oder vielleicht ein Engländer? Ein englischer Spion? – Schließlich saß seit drei Jahren der geschiedene Ehemann der Prinzessin als Georg I. auf Englands Thron.

Dann, wieder Jahre später, tatsächlich Engländer: drei vornehm aussehende Gentlemen, die Vincens, Iwe und Fouller heißen, stehen vorm Schlosstor mit dem Begehren, *„ihre Königin"* sehen zu wollen. Sie seien schottische Kaufleute. Als ihnen erklärt wird, dass das unmöglich sei, verlassen sie Ahlden bald wieder, sichtlich enttäuscht und nicht ohne ihre prächtigen, in Koffern mitgebrachten Empfangskleider sehen zu lassen, mit der geheimnisvollen Andeutung, in Schottland werde man ihre Königin bald zu sehen bekommen.

Irre? – Wohl kaum. Eher ein politisch beunruhigender Vorfall. Man meldete ihn an keinen geringeren als König Georg I. in London, wohl wissend um die schottische Opposition bei seiner Thronbesteigung. Der entschied, dass man *„solche Vögel"*, so wörtlich, keinesfalls an das Schloss heranlassen dürfe und durch Soldaten überwachen müsse. Jeder Fremde, der die Leine-Brücke am Schloss Ahlden passiere, sei in Zukunft von Soldaten zu begleiten und daran zu hindern, stehen zu bleiben.

Ein halbes Jahr später tauchen die drei geheimnisvollen Engländer oder Schotten wieder auf. Einer bietet sogar eine erhebliche Geldsumme, wenn er die Prinzessin, die doch ihre Königin sei, auch nur einmal einen Augenblick sprechen könne.

Der Ober-Hofmeister Villars-Malortie geht darauf natürlich nicht ein, und die Fremden verschwinden ein zweites Mal, wieder sichtlich traurig und enttäuscht. Von Hannover erhält Villars-Malortie dann Weisung, diese Leute festzunehmen, falls sie noch ein drittes Mal erscheinen sollten.

Doch das geschah nicht. Stattdessen hieß es wieder wie üblich: nichts Neues auf Wache und im Schloss.

Ein einziger Glücksfall und Lichtblick war der alternden Sophie Dorothea in ihrer Gefangenschaft in Ahlden noch vergönnt: eine menschliche Begegnung, ja Freundschaft, und zwar die mit Heinrich Sigismund von Bar, dem neuen Administrator ihrer Ämter, Güter und ihres Vermögens. Bisher hatte der Prinzessin seit dem Tode ihres Vaters ein aus Celle abgestellter Verwaltungsbeamter, ein Kammerrat Ramdohr, in diesen Geschäften beigestanden; er wurde im Jahre 1709 in dieser Funktion durch Bar ersetzt.

Mit Bar, einem hoch gebildeten und weltgewandten Mann Anfang der Fünfzig, Titular-Geheimer-Rat in Hannover, kamen für die Prinzessin endlich wieder Geist und Umgang ihrer höfischen Vergangenheit in das beschränkte, dumpfe Gefängnis Ahlden. Bar stammte aus einer angesehenen Adelsfamilie des Osnabrücker Landes, hatte in Jena, Erfurt und Oxford studiert und auf der üblichen anschließenden Kavalierstour und Bildungsreise Frankreich und Italien besucht, ein reicher Grandseigneur mit Kenntnissen in Wissenschaften und Künsten, gut aussehend und von gewinnenden Umgangsformen. Die Prinzessin kannte ihn noch aus Hannover als Kammerjunker und Stallmeister beim Prinzen Friedrich August, ihrem früheren Schwager. Auch in Ahlden, wo er fast wie ein Exot wirkte, war er kein völlig unbekannter, schon mehrmals hatte er Wackerbarth bei kürzeren Abwesenheiten ersetzt. Am 18. Mai 1709 unterschrieb Sophie Dorothea die Bestallungsurkunde, die von Bar selber entworfen hatte und die ihm als *„Unserem Landdrosten“* die Oberinspektion über Ahlden und den Besitz der Prinzessin übertrug.

Bar war ihr nicht nur ein kompetenter Helfer in Verwaltungsdingen, sondern wurde bald auch ein gern gesehener Gast und willkommener Gesellschafter im Schloss. Er speiste an ihrer Tafel, war ein glänzender Unterhalter, immer geistreich und witzig, kenntnisreich und charmant. Er hatte alles, was die Prinzessin an Wackerbarth immer vermisst hatte, und so fühlte sich dieser auch sofort zurückgesetzt. Reibungen und Kompetenzrangeleien ließen nicht lange auf sich warten, sie konnten aber, wohl vor allem durch das diplomatische Geschick von Bar, über Jahre in Grenzen gehalten werden. Erst mit Wackerbarths Nachfolger Villars-Malortie kam es zu offenen, ernsthaften Auseinandersetzungen, die auch Hannover erreichten. Die wechselseitigen Klage- und Beschwerdeschreiben häuften sich und wurden schließlich sogar König Georg I. vorgetragen. Der verbat sich weitere Zänkereien: Villars-Malortie solle sich an seine Weisungen halten, Bar solle seine Befugnisse nicht dauernd überschreiten. Vor allem aber solle er seine allzu häufigen Besuche im Schloss Ahlden einschränken.

Und diese Anmahnung bei gleichzeitiger Androhung von allerhöchster Ungnade lässt aufhorchen: Bars Anwesenheit im Schloss Ahlden stand offenbar schon bald und seit langem mit seiner reinen Verwaltungstätigkeit in keiner Relation mehr. Mit anderen Worten: Die Geschäftsbeziehung mit der Prinzessin war in das Stadium einer innigen und eifrig gepflegten persönlichen Bekanntschaft und Freundschaft übergegangen.

Die ungnädige Anmahnung von höchster Stelle änderte daran jedoch wenig bis gar nichts. Drei Jahre später kam eine erneute Weisung von Georg I., die von Bars Besuche jetzt rigoros auf zwei pro Jahr beschränkte, außerdem dürfe er nicht mehr unangemeldet kommen, sondern erst nach vorheriger Anmeldung und Zulassung durch Villars-Malortie. Offenbar fürchtete Hannover, die Kontrolle über die Ahldener Verhältnisse zu verlieren. Es zeigte sich aber: je stärker Bar von dort und oben behindert wurde, desto mehr und fester bestand die Prinzessin auf seiner Anwesenheit und der Fortsetzung der bisherigen Form der Zusammenarbeit. Er war ihr Berater und Vertrauter geworden, dessen Besuchen sie jedesmal geradezu sehnsüchtig entgegensah.

Was sich zwischen der gefangenen Prinzessin und ihrem Berater Bar abspielte, wurde am Hofe in Hannover und in London scharf und mit wachsendem Misstrauen beobachtet. Sophie Dorotheas ehemalige Schwiegermutter, Kurfürstin Sophie, schrieb an die

Raugräfin Luise schon im Jahre 1709: *„Bar verwalt nun die gütter von die princess von Allen, das, wie man sagt, ihm viel einbringt."* Was es genau eintrug, bleibe dahingestellt, aber Geld allein konnte es für den wohlhabenden Großgrundbesitzer nicht sein. Welche Motive hatte er? Warum das Unbehagen auch der Behörden an dem vertrauten Umgang in Schloss Ahlden? Hatte man einen Verdacht: Verschob Bar Gelder der reichen Prinzessin nach außen, etwa an Fluchthelfer? Wurde so ihre gewaltsame Befreiung vorbereitet und eingeleitet? Möglich war vieles, wie man an Eleonore von dem Knesebeck auf dem Scharzfeld gesehen hatte. Oder versuchte Bar nur, sich selber zu bereichern? Und wenn, welche Gegenleistung wurde dann von ihm gefordert? Bar, das machte ihn noch verdächtiger, hatte seine Finger auch beim Kaiser in Wien im Spiel, wo er seine Erhebung zum Reichsgrafen betrieb. Betrieb er dort noch mehr? Auch die Knesebeck hatte sich, und nicht umsonst, wegen widerfahrener Rechtsverweigerung durch die hannoverschen Behörden an den Kaiser in Wien gewandt. Und in Wien hatte man für Hilfe und Dienstleistungen immer eine offene Hand.

Zwei Briefe der Prinzessin an ihren Administrator von Bar haben sich in Abschriften erhalten, nicht in Hannover, wo sie mit Sicherheit vernichtet worden wären, sondern im Archiv der Familie von Bar. In diesen Briefen wird auf Vorgänge Bezug genommen, die von heute her dunkel bleiben und nicht mehr aufgeklärt werden können. Aber eines wird klar: Diese Briefe gleichen in Stil und Inhalt eher Liebes- als

Schloss Celle, Bomann Museum, Celle

Geschäftsbriefen. Sie sind mit sehr viel Gefühl geschrieben. Der gleiche leidenschaftliche Ton wie in den Liebesbriefen an Königsmarck wird wieder hörbar, ein Ton wie in den damaligen Liebesschwüren wird angeschlagen mit Formulierungen wie: Bis zum letzten Seufzer werde sie, die Prinzessin, ihre Zuneigung und Haltung gegenüber Bar bewahren. Seine Tugenden, Leistungen und Verdienste werden in geradezu überschwänglichen Worten und Wendungen gepriesen, alles, was ihm und ihr von anderen in den Weg gelegt wird, aufs Lebhafteste bedauert. Die Prinzessin, so schreibt sie, findet bei dem Gedanken, dass sie es ist, die ihm solche Ungelegenheiten und Verfolgungen zuzieht, Tag und Nacht keine Ruhe. Dann, am Schluss, nach wiederholten Versicherungen unendlicher Dankbarkeit die innigste Bitte um ein mit Sehnsucht erwartetes Wiedersehen!

Die Briefe sind aus dem Jahre 1719. Wie gesagt, die Zusammenhänge, in denen sie stehen und auf die sie sich beziehen, ihr gesamter Kontext, bleibt dunkel. Als Gegenspieler sind namentlich genannt *„grand Bernstorf“* und *„son bras droit Robethon“*, beides Mitglieder der hannoverschen, von England abhängigen Regierung. Dass es sich um erneute Bemühungen um Freilassung der Prinzessin nach Celle oder nach Lüneburg, dem nunmehrigen Witwensitz ihrer Mutter, handeln könnte, vielleicht mit Hilfe Wiens, was von Hannover/England vereitelt wurde, ist möglich, bleibt allerdings Vermutung. Ein Jahr später, in ihrem Testament vom 26. Juni 1720 – Sophie Dorothea war inzwischen 54 Jahre alt, von

Bar nur wenig älter, als Königsmarck es jetzt gewesen wäre – setzte die Prinzessin dem Freund und Helfer zum Beweis ihrer Erkenntlichkeit und ihres weiteren Vertrauens ein bedeutendes Legat aus: Bar sei in ihrem Unglück ihr einziger großer Trost gewesen, so die Begründung. Er habe die traurigen Umstände ihres Lebens gelindert durch christliche und immer erbauliche Zusprache. Das vermachte Geld – immerhin an die 50000 Taler – habe er sich in ihrem Dienste selbst erworben. Es sei allein von den Überschüssen seiner klugen Wirtschaftsführung erspart.

Vielleicht lebte die gefangene und isolierte Prinzessin in der Freundschaft und Zuneigung zu Bar noch einmal so etwas wie einen ihr für immer verwehrten Lebenstraum aus, vermutlich, sogar sehr wahrscheinlich knüpften sich daran und an die Geldsumme auch konkrete Hoffnungen auf weitere Hilfe sowie auf Festigung und Dauer der Beziehung. Aber Bar, inzwischen trotz aller Widerstände doch noch Reichsgraf geworden, starb schon im nächsten Jahr auf einer Reise beim Aufenthalt in Kassel am 24. Oktober 1721 völlig überraschend und unerwartet und ohne noch seine diesjährige Jahresabschlussrechnung in Ahlden vorlegen zu können. Für die Prinzessin Sophie Dorothea muss der Tag, an dem sie diese Nachricht erfuhr, einer der schwärzesten in ihrer Haftzeit gewesen sein.

Jede Hoffnung in die Zukunft, jede Aussicht nur auf eine Erträglichkeit des jetzigen Zustands schien mit Bar dahingeschwunden. Jede Vorstellung von einer baldigen Änderung ihrer Lage wieder unwirklich wie ein Traum und zerronnen. Alles nur Träume ... In Ahlden zerbrachen die Träume an der Wirklichkeit, war Wirklichkeit nicht wie im Roman ...

Eines Tages verbreitete sich wie ein Lauffeuer im ganzen Schlossbereich die Nachricht, dass der Sohn der Prinzessin, der Kurprinz von Hannover, Prince of Wales, auf einer Jagd vom Jagdschloss Linsburg aus bis nach Ahlden gekommen sei, bis ans Schloss. Einige wollten es genau gesehen haben, jeder hatte etwas gehört oder wollte etwas gehört haben: Die Prinzessin selbst, so die Fama, soll ihn vom Fenster aus erblickt haben oder er seine Mutter, am Fenster stehend und winkend. Traum oder Wirklichkeit, Realität oder Wunschprojektion?

Das Verhältnis des Sohnes zu seinem Vater, so erzählte man sich schon lange, sei nicht das beste. Sie seien völlig zerstritten, ja Feinde. Der Sohn würde, sollte er zur Regierung kommen, seine Mutter mit Sicherheit freilassen – doch das setzte den Tod des Vaters voraus. Vage Hoffnungsträume, Fantasien, Illusionen! Sicher hatte man nur gesehen, was man sehen wollte, geglaubt und erzählt, was man gern glauben wollte. Was wusste der Sohn überhaupt über seine Mutter, die er als Neunjähriger zuletzt gesehen hatte? Was wusste sie von ihm? Wie hätte sie ihn erkennen können? – Doch die Geschichte, das Erzählte, war zu schön und rührend; es machte die Runde durch Ahlden und die umliegenden Dörfer, es blieb auch später ein hartnäckiges Gerücht.

Nachfolger als Administrator in Ahlden wurde der Sohn und Erbe des Titels seines Vaters: Graf Christian von Bar. Der Vierunddreißigjährige zeigte jedoch von vornherein wenig Interesse für sorgfältige Verwaltungsarbeit. Diese Tatsache sowie ihre Trauer und Verzweiflung, aber auch das Vertrauen auf eigene, während der und durch die Amtsführung des Vaters erworbene Kenntnisse ließen die Prinzessin seit Anfang 1722 Verwaltung und Schriftführung ihrer Ämter, wie zeitweise früher schon, wieder stärker in die eigene Hand nehmen. In einem an den König gerichteten Bewilligungsschreiben gab sie als Begründung *„zu ihrer Okkupation und Zeitvertreib"* an. Aber richtiger war es wohl eine Flucht in die Arbeit, eine Art Betäubung in ihrer immer aussichtsloseren und verzweifelten Lage durch eine Tätigkeit, die noch irgendwie sinnvoll erschien und die leeren Tage füllte. Bis sie schließlich ihre letzte Krankheit daran hinderte, hat sie mit geringer Assistenz des jungen Grafen von Bar, unterstützt von dessen Sekretär Lüdemann, der zeitweise im Torhaus des Schlosses wohnte, diese Tätigkeit allein und alleinverantwortlich mit ungeheurem, der Verzweiflung abgerungenen Eifer und Fleiß ausgeübt.

Graf Christian von Bar blieb ihr dabei weiterhin in der Funktion eines Vermögensberaters verbunden, als Vermittler nach außen und in Bereichen, in denen sie sich nicht auskannte oder die sie als Inhaftierte und Bewachte weder überblicken noch regeln konnte. So veranlasste er in den Jahren 1724/25 für sie den Verkauf von holländischen Obligationen aus dem Erbe ihrer Mutter an der Amsterdamer Börse, zu einem recht günstigen Kurs und auch wohl mit nicht ganz uneigennützigem Interesse. Den Erlös von 125.000 Gulden (= 30.000 Talern) lieh er sich als Hypothekendarlehen auf sein Gut Barenau aus. Dass durch dieses Finanzmanöver so ein Gelddepot für eventuelle Flucht- und Befreiungsversuche der Prinzessin angelegt wurde, für die Realisierung von solchen schon länger bestehenden und verfolgten Plänen, Ahlden doch noch zu entkommen, war ein Verdacht der hannoverschen Behörden, den man auch schon gegen seinen Vater gehegt hatte. Diese Vermutung lag und liegt nahe. Oder handelte es sich um Verrat und Treuebruch oder sogar um einen bewussten Täuschungs- und Betrugsversuch an der Prinzessin? – So viel lässt sich heute noch feststellen: Graf Bar zahlte für sein Hypothekendarlehen, das im Jahre 1726 noch um ein weiteres, von der Prinzessin beurkundetes vermehrt wurde, keinerlei Zinsen. Offenbar sah er das geliehene Geld als Schenkung an. Doch bei dem ungebrochenen Freiheitswillen der Prinzessin, der sich gerade in diesen Jahren auch noch in anderen Bestrebungen und Aktivitäten zeigte, spricht einiges auch für die Vermutung der Behörden.

Allzu lange schon saß Sophie Dorothea in ihrem unerträglichen goldenen Käfig. Für die damalige Zeit war sie längst eine alte Frau, viel Zeit würde ihr nicht mehr bleiben.

VII. Letzter Befreiungsversuch und Tod

Sommer 1725 in Schloss Ahlden: Dreißig Jahre lang war die Prinzessin Sophie Dorothea hier inzwischen von der Welt abgeschlossen und gefangen – ein auch in damaliger Zeit und in damaligen Verhältnissen ungeheuerlicher Fall von unrechtmäßiger Freiheitsberaubung! Je länger das Vergangene und, zugegeben, auch selbst Verschuldete zurücklag, je mehr sich die Zeiten und mit ihnen die politischen und dynastischen Verhältnisse änderten, desto unbegreiflicher, ja absurder musste ihre Situation erscheinen – und das nicht nur ihr selbst! Da saß die Mutter des englischen Thronfolgers und der Königin in Preußen – ihre Tochter hatte im November 1706 den preußischen Thronfolger Friedrich Wilhelm geheiratet – auf etwa halbem Wege zwischen diesen europäischen Großmächten seit Jahrzehnten in einem öden Provinznest inhaftiert und streng bewacht und warum? – Sie sollte irgendeine Jugendsünde begangen haben, so erinnerten sich vielleicht noch manche der älteren Generation. Inzwischen war sie schon mehrfache Großmutter geworden: Ihr später berühmtester Enkel, der Thronfolger Prinz Friedrich von Preußen, den man

„den Großen" nennen sollte, stand an der Schwelle zum Mannesalter. Für die Enkelinnen schmiedete man längst Heiratspläne.

Ein Skandal von europäischen Ausmaßen war es gewesen, der sie hierher gebracht hatte, das eigentlich Skandalöse aber daran war jetzt – nach über einer Generation! – längst nicht mehr der vermutete oder zu vertuschende Grund und Anlass dieser Inhaftierung, sondern diese Haft selbst und ihre noch immer nicht beendete Dauer! Die aber hatte nicht zuletzt mit dem Fall Königsmarck zu tun, mit dessen rätselhaftem Tod und Verschwinden, mit dem das Schicksal der Prinzessin, obwohl offiziell noch immer geleugnet, verknüpft war. Das heißt: Eigentlich büßte Sophie Dorothea, und das dürfte vielen, nicht nur ihr selber durchaus bewusst gewesen sein, mit der Dauer ihrer Haft in Ahlden nicht so sehr für ihr eigenes Vergehen als für den Fall Königsmarck. Ihre Freilassung jedenfalls hätte immer etwas aufgewühlt, an was nicht gerührt werden sollte und durfte – Dreck, um es einmal so zu sagen, den die hannoverschen Behörden bis hinauf zum Kurfürsten selber am Stecken hatten.

Doch im Sommer 1725 ließen die veränderten Verhältnisse der Zeit die in Ahlden weggeschlossene und, so die Absicht, von der Welt vergessene Prinzessin plötzlich ins Fadenkreuz größerer, wiederum europäischer Geschichtsereignisse rücken. Ihre Person und Situation geriet ganz unversehens in den Fokus aktueller politischer Geschehnisse. Ein Zusammengehen der Großmächte England/Hannover und

Preußen hatte sich angebahnt, und unter Einbeziehung Frankreichs sollte im September 1725 in Herrenhausen darüber ein Bündnisvertrag abgeschlossen werden. König Georg I. von England, der geschiedene Gatte Sophie Dorotheas, hielt sich seit Juni in seinen Stammlanden Hannover auf und empfing dort mehrmals seinen Schwiegersohn Friedrich Wilhelm I. von Preußen, den Soldatenkönig. Von August bis September sollte auch dessen Gattin, die gleichnamige Tochter Sophie Dorothea, nach Herrenhausen kommen, das nur ein paar Wegstunden vom Haftort ihrer Mutter entfernt war. Ein Ereignis wie dieses sprach sich selbst bis Ahlden herum und erweckte dort begreiflicherweise eine Reihe von Hoffnungen. Auch über die Vorhaben, die in Herrenhausen zwischen den Höfen erörtert und verhandelt werden sollten, drangen Gerüchte bis dorthin.

Mit der neuen politischen Konstellation der Mächte England und Preußen ergab sich nämlich die Aussicht, gleichzeitig eine schon länger bestehende, besonders von der preußischen Königin gehegte Lieblingsidee zu verwirklichen: eine Doppelhochzeit zwischen Preußen und England, die Hochzeit ihres Sohnes, des Kronprinzen Friedrich, mit seiner englischen Cousine Amalie, und die ihrer ältesten Tochter Wilhelmine mit Friedrich Ludwig, dem Enkel Georgs I. und Sohn des jetzigen Prince of Wales. Da dies nun eine Doppelhochzeit unter vier Enkeln von ihr, der Prinzessin von Ahlden, sein würde, musste dabei, so die Überlegungen Sophie Dorotheas und ihres Hofstaates im Schloss Ahlden, auch die gemeinsame

Großmutter aller Brautleute und ihre Situation ins Blickfeld und Spiel kommen. Was würde man in England dazu sagen und im Lande Preußen davon halten, dass die Großmutter beider Brautpaare seit Jahrzehnen in Ahlden gefangen saß? Unmöglich eigentlich, sie weiterhin und dort in Haft zu belassen. Hoffnungen auf Veränderungen oder gar Haftaufhebung schienen mehr als wahrscheinlich und durchaus realistisch – auch wenn dieser Lieblingsplan der Tochter, von dem diese geradezu bis zur Realitätsblindheit besessen war – wie man in den Memoiren einer der vorgesehenen Bräute, der späteren Markgräfin Wilhelmine von Bayreuth, nachlesen kann – mindestens einen großen Haken hatte: Alle Brautleute waren – selbst für höfische Vorstellungen dieser Zeit – noch viel zu jung für eine Hochzeit. Es handelte sich um elf- bis dreizehnjährige Kinder, selbst der Älteste war noch nicht achtzehn. Außerdem war es allein ein Projekt der preußischen Königin, ihr Gatte, der Soldatenkönig, stand dem Ganzen von vornherein eher skeptisch und reserviert-abwartend gegenüber.

Trotzdem: Es war Sophie Dorothea in Ahlden, die in der gegebenen Situation und Konstellation aktiv wurde und die Initiative ergriff. Sie schrieb einen Brief an ihre Tochter, die sie seit über dreißig Jahren nicht mehr gesehen hatte, damals war die Tochter noch ein Kind gewesen, jetzt war sie die preußische Königin. Einen solchen Brief zu schreiben, war Sophie Dorothea verboten, und dieser Brief hätte die

Zensur auch nie passiert, er wäre schon in Ahlden abgefangen worden, bei den Behörden in Hannover gelandet und wohl kaum weitergeleitet worden. Das wusste Sophie Dorothea natürlich, und darum wandte sie sich in dieser Sache an den Sekretär des Grafen von Bar, Lüdemann, der inzwischen durch seine Beteiligung an ihrer Geschäftsführung eine Vertrauensstellung in Ahlden erlangt hatte, die es ihm erlaubte, mit der Prinzessin ohne Zensur zu korrespondieren und unkontrolliert im Schloss ein- und auszugehen. Doch auch er hatte einen Amtseid auf König Georg I. ablegen müssen, und unter Berufung darauf lehnte er das Ansinnen der Prinzessin ab, etwas heimlich hinter dem Rücken der hannoverschen Behörden zu unternehmen.

Lüdemann suchte einen Ausweg und geizte nicht mit Ratschlägen. Er empfahl die Übermittlung des Briefes durch einen Bekannten, einen preußischen Geheimrat. Noch besser allerdings sei eine persönliche Reise ihres Administrators Graf Bar nach Berlin unter einem passenden Vorwand, und das Beste und wohl Wirksamste sei, gleich einen *„langen Kerl"* aus Ahlden an den Mann der Adressatin, den Soldatenkönig, für dessen geliebte Riesengarde mitzuliefern.

Dazu kam es nicht, aber zu der empfohlenen Reise des Grafen Bar im geheimen Auftrag seiner Herrin, und zwar Ende Juli 1725. Es handelte sich dabei um nichts anderes als den ersten expliziten Versuch der Prinzessin von Ahlden, unter den veränderten und neuen dynastischen und politischen Konstellationen, ihre Tochter, und zwar über einen Vermittler, für die

Verbesserung ihres Schicksals, und das hieß vor allem: Haftentlassung, zu gewinnen und einzuspannen.

Graf Christian von Bar gab die mitgebrachten Geschenke in Berlin ab, wurde dort auch von der Königin empfangen, kam aber ohne konkrete Ergebnisse schon bald wieder zurück. Es war wenig, was er mitteilen konnte, alles Weitere werde man von der preußischen Königin bei ihrer bevorstehenden Ankunft in Herrenhausen selber hören, das war seine ganze Botschaft. Dabei ließ er allerdings verlauten, dass, seiner Meinung nach, die Aussichten für die Sache der Prinzessin durchaus günstig seien, denn eine Doppelhochzeit zwischen beiden Königshäusern werde, so habe er in Berlin gehört, mit Sicherheit zum Anlass genommen werden, eine Generalamnestie zu erlassen. Und von dieser könne die gemeinsame Großmutter der Brautleute wohl unmöglich ausgenommen werden.

Auf diese Botschaft reagierte Sophie Dorothea nun aber keineswegs erfreut, sondern tief verletzt und mit großer Empörung: Das sei nicht ihr Anliegen gewesen! In einem Brief an Bar, der wie durch einen Spalt einmal in das Innere der Gefangenen sehen lässt, begründete sie diese Empörung: Als Christin sei sie weder unversöhnlich noch auf Rache bedacht, aber sie müsse darauf dringen wie Paulus in Philippi – siehe Apostelgeschichte, Kapitel 16, Vers 36 und 37 –, dass nicht durch die Gnade einer Amnestie, sondern als Wiedergutmachung für erlittenes Unrecht ihre Haft aufgehoben werde, und zwar in allen Ehren! Das fordere ihre *„gloire"* und auch die ihrer Kinder!

Ehrgefühl, Stolz und Freiheitswille der jahrzehntelang Inhaftierten, das zeigt dieser Brief, waren also ungebrochen. Sie – darauf bestand sie – hatte nicht um Gnade gebeten, sie stellte Forderungen an die für ihr Schicksal Verantwortlichen. Sie sah sich nicht als Bittstellerin, sondern als Anklägerin. Sie hatte Forderungen, und zwar berechtigte, es waren die gleichen Forderungen, die auch ihre „Confidente" Knesebeck beim Kaiser in Wien vorgetragen und eingeklagt hatte. Es ging nicht um Gnade für begangenes Unrecht, sondern um Aufhebung eines eklatanten Rechtsbruches gegen sie.

Trotzdem oder gerade deswegen fieberte Sophie Dorothea nun dem Tag des Eintreffens ihrer Tochter in Herrenhausen entgegen und wartete auf deren Erklärung. In Aussicht stand der 17. August 1725. Schwer vorstellbar, welche ungeheuren Hoffnungen hier aufgebaut worden waren und auf diesen Tag gesetzt wurden, letzte Lebenshoffnungen einer Verbannten und zutiefst Verzweifelten! Doch alles kam ganz anders als erwartet.

Eine Antwort der Tochter, der preußischen Königin, kam zwar, aber sie erreichte die Prinzessin von Ahlden nicht direkt und schon gar nicht auf offiziellen Wegen, sondern gleichsam hintenherum und durch drittrangige Mittelsmänner überbracht. Schon das war enttäuschend. Die preußische Königin hatte offensichtlich Angst, dass irgendjemand in Hannover etwas von ihren Kontakten mit der Mutter erfuhr oder dass ihr Gatte, dem sehr viel an der abzuschließenden Allianz mit England gelegen war, dadurch verärgert werden konnte. Irgendwo, in einem abseitigen Amt Rehberg, traf sich Lüdemann mit einem untergeordneten Sekretär in preußischen Diensten, nachdem dieser, Friderich mit Namen, sich mit ihm unter der Auflage größter Unauffälligkeit in Verbindung gesetzt hatte. Alles wurde nur mündlich überbracht, jede Form der Schriftlichkeit schien der preußischen Königin schon zu riskant und zu gefährlich, weil eventuell für irgendjemanden später beweiskräftig. Und das, was dann so übermittelt wurde, konnte enttäuschender und niederschmetternder nicht sein: eine glatte Absage.

Nur stockend und mit sichtlicher Bedrückung berichtete Lüdemann in Ahlden der Prinzessin am 26. August nach seiner Rückkehr aus Rehberg von der Unterredung mit Friderich, zu der er sich einige schriftliche Notizen gemacht hatte. Er legte die kostbaren Geschenke der Königin, die dabei übergeben worden waren, schweigend auf den Tisch, zwei Miniaturporträts, eine Uhr, eine Tabatiere, und richtete trocken, knapp und sachlich die aufgetragenen Grüße aus. Dann fasste er zusammen, was die preußische Königin übermitteln ließ: Es sei ihr völlig unmöglich, auch nur irgendetwas für Ihro Durchlaucht, so die Titulierung der Mutter durch die Tochter, zu tun, ja nur ihren Namen zu nennen. Besonders in der jetzigen Situation der Vorbereitung der Doppelheirat, die noch keineswegs gesichert sei, könne und dürfe sie nichts unternehmen, was die politischen Pläne ihres Gemahls stören und gefährden könne. Wenn sich das Bündnis mit seinem Schwiegervater oder die Doppelhochzeit mit England dadurch zerschlagen sollte, würde sie, die Königin, höchst unglücklich werden und der jetzige betrübte Zustand Ihro Durchlaucht würde sich auch nicht ändern. Ihr Gemahl, der preußische König, wisse von allem, was Ihre Durchlaucht ihr, der Tochter, geschrieben und geschenkt habe, er verlange *„zur Vermeidung alles Scheins"* und *„expresse"*, dass solches nicht wiederholt werde. Deswegen auch dieses heimliche Treffen in Rehberg. *„Die Königin ließen indessen"*, so Lüdemanns Notizen und Bericht vom Bericht des preußischen Sekretärs Friderich weiter, *„Ihro Durchlaucht noch zu einiger Gedult unterthänigst vermahnen, bis die mariage Sache vorbey und geschlossen. Wen solches geschehen, wollten die Königin mit eußersten Kräften Ihro Durchlaucht sich annehmen und vor sie sprechen und arbeiten, solte es ihr auch den Kragen kosten – welche unterstrichene Worte die Königin einige Mahl"*, so Lüdemann nachdrücklichst, *„mit größester Hart und Empfindlichkeit wiederhohlet und expresse allergnädigst befohlen hetten, ... solche zu hinterbringen."*

Im Klartext: Gerade der Anlass, der für die Kontaktaufnahme der Prinzessin von Ahlden so entscheidend und so hoffnungsvoll schien, die Doppelhochzeit zwischen Preußen und England, wurde von ihrer Tochter als Grund vorgeschoben für die Unmöglichkeit aller Bemühungen um eine Erleichterung oder Aufhebung der Haftbedingungen der Mutter, gefolgt von einem zwar durch die unterstrichene Formulierung kraftvollen, aber inhaltsleeren Versprechen für eine unbestimmte Zukunft.

Und dem folgte noch eine weitere kalte Dusche und Abschreckung. *„Übrigens hetten die Königin gar nicht gut gefunden, das der Herr Graf von Bar in dieser Sache gebraucht und nach Berlin"* gekommen wäre, so war Lüdemann zum Schluss noch aufgetragen worden, in Ahlden zu berichten. Dieser Bar wäre falsch, die Königin könne ihn nicht leiden *„und wollten jhn nicht wieder sehen und hetten dehro Unwillen mit vielen harten Espressionen außgedrucket"*.

Ein mit Sicherheit völlig unqualifiziertes abträgliches Urteil über den Vermittler zwischen Ahlden und Berlin, das nur den Sinn haben mochte, die Mutter ein für allemal von solchen und ähnlichen Aktionen in Zukunft abzuhalten. Lüdemann verwahrte sich denn auch sofort dagegen: Dieser Beurteilung des Grafen durch die Königin könne nur ein Missverständnis oder Irrtum zugrunde liegen. Das sei seine Antwort an Friderich gewesen, er, Lüdemann, werde dieses Urteil Ihro Durchlaucht in Ahlden erst und nur übermitteln, wenn er schriftliche Beweise sehe, dass es auch wirklich von der Königin stamme. Dafür, so hätte Friderich entgegnet, habe er keine Ordre, nur die, es mündlich weiterzugeben. Erst auf sein, Lüdemanns, Insistieren habe er sich dann dazu herabgelassen, ihm wenigstens in einen Teil seiner schriftlichen Instruktionen aus Berlin Einblick zu gewähren. Dort habe er dann dieses Urteil selbst gelesen. Die Unterredung habe schließlich damit geendet, dass Friderich, sich erneut auf die Instruktionen der

Königin berufend, nochmals vor dem Grafen Bar gewarnt habe, auch davor, irgendwelche Briefe oder Papiere dieser ganzen Angelegenheit, die hier in Rehberg zwischen ihnen verhandelt wurde, aufzuheben und aufzubewahren, wenn sie nicht vollständig indifferent seien.

Sophie Dorothea hatte verstanden: Sie war immer noch und blieb weiterhin eine Person, deren Name und Angelegenheit nicht genannt werden konnte und deren Schicksal nicht geändert, sondern totgeschwiegen und vergessen werden sollte. Mit erstickter Stimme und einer Handbewegung bedeutete sie Lüdemann, er sei für heute entlassen.

Alle Hoffnungen, die höchsten und hochfliegendsten, aber auch die kleinsten und geringsten, waren gescheitert und zusammengebrochen. Etwas Unfassliches, Unerwartetes und Unbegreifliches war geschehen, jede Aussicht auf eine bessere Zukunft dahin und wohl für immer verloren.

Die erste Reaktion der Prinzessin zeigte bei aller Bestürzung, Trauer, Enttäuschung, ja Verzweiflung trotz allem auch wieder ihren ungebrochenen Stolz sowie Lebens- und Freiheitswillen. Noch am gleichen Tag, an dem ihr Lüdemann berichtet hatte, schickte sie sogleich voller Entrüstung und grußlos alle Geschenke, bis auf die zwei Miniaturporträts, nach Berlin zurück. Dann, nach einer Phase der Beruhigung und Überlegung, nahm sie Verbindung mit dem geschmähten Grafen Bar auf. In der Nacht vom 4. auf den 5. September schrieb sie ihm, heimlich und unter den angeratenen Vorsichtsmaßregeln, einen Brief, schon zur Nacht gekleidet, um keinerlei Verdacht bei der Dienerschaft aufkommen zu lassen.

Sie sei todunglücklich, so formulierte sie darin, doch weniger wegen des Scheiterns aller ihrer Hoffnungen als wegen der ungerechten Beschuldigungen Preußens gegen den Grafen – wobei sie das Wort „*Tochter*" oder „*Königin*" sichtlich vermied, sondern einfach das wohl zutreffendere Neutrum „*Preußen*" verwendete. Unglücklich sei sie, weil er, der Graf von Bar, annehmen könne, auch sie habe ihre Haltung und Gesinnung gegen ihn geändert, das Gegenteil sei aber der Fall: Sie halte weiterhin voller Vertrauen zu ihm, setze alles auf seine Klugheit und Zuverlässigkeit. Darum flehe sie ihn auch an, sie jetzt nicht im Stich zu lassen. Und dann – im Zusammenhang mit Hoffnungen, die trotz allem geblieben seien – spielt sie ganz unverblümt und offen auf einen von Freunden entworfenen Plan zu ihrer Befreiung an, der, so geht aus dem Ganzen hervor, dem Adressaten bekannt sein musste, ja, gerade von ihm, dem Grafen, erwarte sie jetzt nach dieser Enttäuschung die endliche Erlösung aus ihrer Haft: „*Au nom de Dieu, tirez-moi d'où je suis ou j'en mourrai!*"

Ein schon bekannter und angesprochener Zusammenhang drängt sich wieder auf. Dieser Befreiungsplan von Freunden könnte mit den Geldern in Verbindung stehen, die Graf Bar in diesem und im letzten Jahr aus dem Verkauf der holländischen Obligationen aus dem Erbe der Mutter erlöst hatte und die ihm als Hypothekendarlehen ausgezahlt worden waren. Für die Organisation und Durchführung einer Flucht ins Ausland etwa hätte man solches Bargeld benötigt. Vielleicht bereitete Bar im Geheimen längst so etwas vor, vielleicht aber auch – wenn er doch falsch und ein Betrüger war – gaukelte er das der Prinzessin nur vor, um andere Absichten mit dem Geld zu kaschieren. Genaueres geht aus den erhaltenen Dokumenten nicht hervor.

Nur so viel steht fest: In ihrer desolaten Lage, nach allen geplatzten Hoffnungen, die sie in die Doppelhochzeit gesetzt hatte, klammerte sich Sophie Dorothea jetzt geradezu an die Person des Grafen Bar. Wenn der Weg zur legalen Befreiung versperrt war, blieb nur noch ein illegales Vorgehen und die Hoffnung darauf. Sie sah ganz offensichtlich in Bar ihren einzigen Halt, noch verbliebenen Helfer und möglichen Retter, der dazu zur Verfügung stand. Das zeigt ein weiterer Brief, drei Wochen später, vom 27. September, in dem es heißt, dass Bar mit seiner Antwort auf ihr voriges Schreiben ihrer Seele die Ruhe zurückgegeben habe. Sie verlasse sich jetzt ganz auf seinen Plan – so steht es dann wieder wörtlich da –, den er hoffentlich gegen alle Anschläge und Intrigen durchsetzen könne, den sie aber – so steht es auch da – im Einzelnen nicht kenne. Er dürfe sie in ihrer furchtbaren Lage nur nicht allein lassen. Zwei Worte von ihm würden ihr Sicherheit geben ...

Vielleicht bereitete ihr Bar dann die letzte Enttäuschung? – Ob sein Plan nur eine Seifenblase war oder eine Vortäuschung und Vorspiegelung, um der Prinzessin die Enttäuschung über die Reaktion ihrer

Tochter, der preußischen Königin, zu erleichtern, ob Bar bewusst etwas vorspielte oder ernsthaft etwas vorbereitete, was dann ebenso scheiterte, ob das ein gewaltsamer Befreiungsversuch oder ein erneuter diplomatischer Vorstoß war, ob Bar falsch war, wie die Tochter es behauptete, oder die ehrlichsten Absichten hatte – das lässt sich jeweils nur vermuten, nicht durch Dokumente belegen.

Jedenfalls änderte sich Wochen und Monate später auffällig die Haltung der Prinzessin zu den Vorkommnissen und Ereignissen des Sommers 1725. Ihre Reaktion auf die psychischen Belastungen wurde plötzlich zunehmend irrationaler, unbeherrschter und nahm zeitweise sogar Züge einer Zwangs- und Haftpsychose an mit paranoiden Anflügen von Verfolgungswahn. Sophie Dorothea sah sich im folgenden Herbst und Winter immer mehr umstellt von einer Welt von Feinden, die sich zu ihrer Qual und ihrem Untergang verschworen hatten, Ahlden saß voll von *„Drachen und Harpynien“*, finsteren Verrätern, Ganoven und sonstigem Gesindel. Ihr besonderer Zorn traf dabei den guten Lüdemann, wohl deswegen, weil er als Sekretär ihrer Geschäftsführung am häufigsten greifbar und verfügbar war, vielleicht auch stellvertretend für Bar oder für alle. Sie weigerte sich plötzlich, die von Lüdemann aus Rehberg überbrachte Absage und Erklärung Preußens und ihrer Tochter in irgendeiner Form zu akzeptieren, zweifelte immer wieder deren Wahrheitsgehalt und Echtheit an und sah nur noch Verrat. Lüdemann wusste sich zuletzt nicht mehr anders zu helfen, als das Schriftstück, in das Friderich ihm damals Einblick gewährt hatte, doch noch von diesem zu besorgen, mit unsäglichen Mühen und Schwierigkeiten — es nützte nichts: Er war und blieb in Ungnade. Sophie Dorothea erklärte das Vorgelegte kurzerhand für eine Fälschung, seine Fälschung; ihn selber nannte sie einen Verräter, der auch wichtige Schreiben an und von Bar unterschlagen habe. Jeder Schriftverkehr wurde abgebrochen. Der Versuch, im Sommer 1725 mit Hilfe ihrer Tochter die ersehnte Hafterleichterung oder gar die Freiheit doch noch zu erlangen, war aus ihrer Sicht ganz allein an Lüdemann und einer mit ihm verbündeten üblen Verbrecherclique gescheitert.

Sophie Dorothea sah sich endgültig in einer Sackgasse, das Geschehene oder Nicht-Geschehene war für sie unfassbar. Sie konnte sich die Haltung der Behörden, das Verhalten ihres geschiedenen Ehemannes und ihrer Kinder nicht mehr rational erklären. Ihr blieb nur noch Verbitterung, ja blinder Hass gegen die, die ihr ein Leben in Freiheit genommen bzw. sich geweigert hatten, ihr ein solches zurückzugeben. Sie fühlte sich belogen und betrogen, wehrlos in der Hand von Unmenschen. Das führte zu deutlichen Anzeichen einer psychischen Verstörung, sie verlor jeden Lebensmut. Dass ihr Leben hier in Ahlden zu Ende gehen sollte, war seit Jahrzehnten ihre schlimmste Vorstellung gewesen. Jetzt wurde sie immer wahrscheinlicher, Wirklichkeit, die jeden Tag näher rückte.

Zwar hatte sie schon im Jahre 1720 ihr Testament aufgesetzt, unmittelbarer Anlass dafür waren aber nicht Todesahnungen und -befürchtungen gewesen, sondern der Zweck und die Absicht, ihrem damaligen Administrator Heinrich Sigismund von Bar, dem noch amtierenden Vater des jetzigen, Dankbarkeit zu erweisen und finanzielle Zuwendungen zu sichern. Danach sollte ihr gesamter Nachlass zu gleichen Teilen an ihren Sohn, den Prince of Wales, und an ihre Tochter Sophie Dorothea, die Königin in Preußen, fallen. Ausgenommen waren nur die Vermächtnisse an die nächsten und vertrautesten Bediensteten – Frau von Malortie, zwei Kammerfrauen und die zwei Kammerdiener – und eben das sehr bedeutende Legat an den Grafen Bar. Es beinhaltete, dass die Prinzessin ihm und dessen Erben alle ihre auf das Gut Barenau ausgeliehenen und noch auszuleihenden Gelder als Fideikommissvermögen vermachte – also praktisch eine großzügige Schenkung von schon gezahlten und noch künftig zu zahlenden Geldern für *„gute und getreue Dienste, welche der Geheime Raht Heinrich Sigismund von Bar mir beständig geleistet"*.

Seit dem Herbst 1725, ziemlich bald nach der großen und offenbar nicht zu überwindenden, durch Lüdemann überbrachten Enttäuschung aus Berlin, begann Sophie Dorothea auch körperlich zu kränkeln und zu verfallen. Zuerst nur kleinere Unpässlichkeiten, Schlafstörungen und Appetitlosigkeiten, die sich aber verstärkten und nicht enden wollten. Unterleibsschmerzen und Reißen in Armen und Beinen kamen hinzu, was man, wie früher schon, auf das hiesige feuchte Klima schob. Die Spazierfahrten, einzige

Bewegungsmöglichkeit für die inzwischen in ihrem goldenen Käfig sehr korpulent gewordene Prinzessin, mussten ausfallen und wurden ganz eingestellt. Mehrere Ohnmachtsanfälle im Frühjahr des Jahres 1726. Außer Gelée, Rheinwein und Schokolade wollte die Kränkelnde bald nichts mehr zu sich nehmen. Ein schneller Kräfteverfall war ihr anzusehen. Bettlägrigkeit, wiederholte Schwindelanfälle und Bewusstlosigkeiten brachen den Lebenswillen vollends. Es gab im Frühjahr und Sommer 1726 erheblichen Anlass zur Sorge im Schloss Ahlden.

Der Oberhofmeister Villars-Malortie sandte tägliche Krankenberichte nach Hannover, verlangte von dort, obwohl die Kranke sich jeden Arztbesuch verbat, schnelle Hilfe und energische Gegenmaßnahmen. Das zog sich bis in den Spätherbst hin. Anfang November wurden die Leibärzte Dr. Hugo und Dr. Wolff dann von Hannover nach Ahlden beordert. Doch die Kranke blieb bei ihrer Weigerung, Dr. Hugo musste schließlich unverrichteter Dinge wieder abreisen. Dr. Wolff erreichte wenigstens, dass er die Prinzessin, wenn schon nicht untersuchen, so doch besichtigen durfte. Villars-Malortie glaubte, die Prinzessin habe einen Schlaganfall erlitten mit einer rechtsseitigen Lähmung und entsprechender Verziehung des Gesichts. Der Doktor war anderer Ansicht, widersprach zwar, musste aber bestätigen, dass er mit seiner Kunst wohl am Ende sei. Sie litte unter großer Hitze, so das Ergebnis seiner Besichtigung der Prinzessin, die Sprache sei behindert, das Auge aber noch *„munter und frisch“*. Pastor Seelhorst sprach Trostworte am Bett der Kranken, die Umstehenden hatten den Eindruck, dass sie diese auch noch verstand. Dann überließ man die Kranke wieder sich selbst. Am 10. November, bei einer erneuten Visite, fand Dr. Wolff die Patientin schon völlig ohne Bewusstsein vor und, wie er diagnostizierte, *„sans esperance pour la vie“*. Am 13. November 1726, abends um 11 Uhr, trat ein Zustand ein, dass sie, so der Arztbericht, *„allgemählich aufhörte zu leben“*.

Die Prinzessin von Ahlden war gestorben, 60 Jahre alt, ohne ihre Freiheit jemals wiedererlangt zu haben und ohne jede Aussicht darauf. Mehr als die Hälfte ihres Lebens hatte sie in der Gefangenschaft des goldenen Käfigs von Schloss Ahlden verbracht, verbringen müssen. Zweiunddreißig Jahre, lebenslänglich, hatte die Strafe der höfisch längst für tot Erklärten schließlich gelautet. Und vielleicht ersparte ihr der wirkliche Tod nur noch weitere Lebensenttäuschungen: Die des endgültigen Scheiterns aller Fluchtpläne, die ihr Administrator von Bar mit Freunden angeblich vorbereitete, vielleicht aber auch nicht, und die des Scheiterns neuer Hoffnungen bei der Thronbesteigung ihres Sohnes, des Prince of Wales, die ein Jahr später, nach Ableben ihres ehemaligen Gemahls, erfolgte, aber für Sophie Dorothea vielleicht ebenso nur neue bittere Enttäuschungen gebracht hätte, vielleicht noch einmal dieselben geplatzten Hoffnungen wie bei der geplanten Doppelhochzeit im Jahre 1725.

Ahlden war ihr Lebensschicksal geworden und sollte es auch, nach dem Willen der Hinterbliebenen, im

Tode bleiben. Noch vor dem Eintreffen der Todesbotschaft hatte die Londoner Kanzlei im Auftrag des Königs die hannoverschen Behörden angewiesen, die Leiche nicht einzubalsamieren, keinerlei Trauervorschriften zu erlassen und sie in aller Stille abseits in der Kirche zu Ahlden beizusetzen. Die Nachricht von ihrem tatsächlich erfolgten Tode brauchte jedoch fast 14 Tage wegen Verzögerungen auf dem Seeweg nach London, und sie kreuzte sich mit dieser ebenso verzögerten Ordre. So lange Zeit blieb aber in Ahlden nicht, man musste deshalb auf eigene Faust und Verantwortung handeln: Man ließ durch die Leibärzte die Einbalsamierung vornehmen und ordnete in den Ämtern Ahlden, Rethem und Walsrode Trauer und das Verbot von Lustbarkeiten an. Nachträglich wurde dies von London der Umstände wegen auch gebilligt. Sogar am preußischen Hof in Berlin hatte man Trauer angelegt. Das allerdings stieß in London auf keine Billigung.

Da in Ahlden in der Kirche wegen des hohen Grundwasserspiegels kein unterirdisches Gewölbe vorhanden war, stellte man den Sarg, mit Sand bedeckt, vorläufig in einem Nebenzimmer des Schlosses ab bis zum Einbau eines oberirdischen Gewölbes im Turm. Doch dann kam aus London überraschend die Weisung, die Leiche, wenn in der Ahldener Kirche kein geeigneter Platz sei, in der Fürstengruft unter der Stadtkirche in Celle beizusetzen, in aller Stille freilich und ohne Aufsehen.

Am 24. Januar des Jahres 1727 verließ die Leiche der Prinzessin Sophie Dorothea dann doch noch

Schloss Ahlden in Richtung Celle. Die Überführung konnte – nach der Sitte der Zeit – nur in der Dunkelheit der Nacht erfolgen und bei langsamstem Trauertempo. Es war eine kalte und sternklare Winternacht. Der Kondukt setzte sich, nachdem der Sarg von zwölf *„ehrsamen feinen Bürgern"* auf den Leichenwagen gehoben war, mit einem Geleit von zwölf berittenen Hofbediensteten und Lakaien, die brennende Laternen und Fackeln trugen, im Ahldener Schlosshof und über die Zugbrücke in Bewegung. Der Trauerzug traf – über Tag wurde der Leichenwagen in einer Scheune abgestellt – in der nächsten Nacht kurz nach Mitternacht vor der Stadtkirche in Celle ein. Dort hoben wiederum zwölf ehrbare Bürger den Sarg vom Wagen. Bei Fackel- und Kerzenschein und in tiefster Stille wurde er in die Gruft unter dem Chor getragen und neben den Särgen der Eltern abgesetzt.

Ein kleines Nachspiel ergab sich noch um das Testament der Prinzessin. Die Kinder, die sie nie wieder gesehen hatte und die sich an die Mutter kaum noch erinnern mochten, fochten ihr Testament sofort an wegen des Legats für den Grafen von Bar. Sie forderten das in Bars Hand befindliche Exemplar des Testaments. Das aber hatte dieser am Reichskammergericht in Wetzlar hinterlegt. Von dort wanderte es weiter an den Reichshofrat in Wien, ehe es dann doch noch an Hannover ausgeliefert wurde. Die beiden Erben erhoben Klage gegen den Grafen Bar und bestritten die Rechtsgültigkeit der Verfügung an ihn. Der erhob Gegenklage. Das Ergebnis war ein fast fünfzigjähriger Rechtsstreit der Erben und der Erben der Erben, der schließlich mit einem Vergleich geschlossen wurde.

Dann war der Fall der Prinzessin von Ahlden, was er seit Jahrzehnten offiziell schon hätte sein sollen: endgültig erledigt und vergessen.

VIII. Der Historiker als Detektiv: Was wirklich am 11. Juli 1694 geschah

Die Geschichte der Prinzessin von Ahlden – das ist lebenslängliche Haft für den ungeklärten Mordfall Königsmarck. Zwar war die Inhaftierte nicht ganz unschuldig an den Vorkommnissen des 11. Juli 1694 im Leine-Schloss in Hannover gewesen, doch war sie nicht die Täterin, sie war nur Anstoß und Opfer der Ereignisse. Der Mordfall Graf Königsmarck, wenn es einer war, war und blieb weiterhin und über ihren Tod hinaus das, was er von offizieller Seite sein sollte: ein Mord ohne Täter, ein Mord ohne Leiche und, solange ein Zusammenhang mit dem Schicksal der Prinzessin nicht herstellbar war, auch ein Mord ohne Motiv.

Jeder Kriminalroman endet mit der Aufklärung solcher Rätsel. Und was dem Detektiv- oder Kriminalroman recht ist, kann der Biographie und historischen Darstellung nur billig sein: Am Schluss, wenn er denn den Leser befriedigen soll, steht, so das klassische Aufbauschema, die *„auflösende Rückwendung"*. Das heißt, der Detektiv hat das letzte Wort und erzählt, gleichsam von hinten her, kurz gefasst, noch einmal Hergang und Ablauf der Tat, legt das endlich geklärte Tatmotiv offen, und er entlarvt dabei anhand von Indizien, Aussagen, Beobachtungen und Schlussfolgerungen den oder die Täter – die Gerechtigkeit ist so wieder hergestellt.

Historisch gesehen ist dieser Kriminal- oder Detektivroman allerdings eine recht junge Erscheinung. Seine Entstehung fällt ins frühe, seine massenhafte Verbreitung erst ins späte 19. Jahrhundert, rund 150 Jahre nach der Geschichte Königsmarcks und der Prinzessin von Ahlden. Es ist darüber spekuliert worden, ob diese Entstehung des modernen Kriminal- und Detektivromans, sein Handlungsschema als Aufklärung eines Verbrechens und sein Milieu, in dem er sich abspielt, nicht bürgerlich-rechtsstaatliche Verhältnisse voraussetzen, wie sie sich im England des 19. Jahrhunderts, seinem Entstehungsraum, erstmals entwickelten und die vorher so in den höfischen Feudalstaaten Europas nicht gegeben waren, schon gar nicht in den Kleinstaaten des Heiligen römischen Reiches deutscher Nation – angesichts des Falles Königsmarck am Hofe von Hannover im Zeitalter des Barock eine durchaus bedenkenswerte These: Welcher Detektiv, wenn es ihn denn gegeben hätte, hätte wohl damals, 1694, den Mord in Hofkreisen klären und den Mörder aus Hofkreisen überführen sollen, und welcher Gerechtigkeit hätte er ihn übergeben können?

Die zeitgenössischen Ermittlungen wurden – sofern sie ernsthaft wie im Falle von den Angehörigen des Opfers überhaupt durchgeführt wurden – sofort von oben behindert und verhindert; sie stießen an unüberwindbare Mauern, verliefen bald im Sande und sollten es auch. Aufklärung war und blieb unerwünscht, und zwar von allerhöchster Stelle, bei der allein auch alle Gerechtigkeit lag.

Neu aufgenommen wurden die Ermittlungen erst wieder um die Mitte des 20. Jahrhunderts in bürgerlich-rechtsstaatlichen Verhältnissen, aber da nicht mehr von beteiligten Parteien, staatlichen Behörden, polizeilichen Institutionen oder Privatdetektiven – dazu war der Fall zu lange verjährt. Aufgenommen wurden neue Ermittlungen von Historikern mit ganz anderen Motiven und Zwecken, wenn auch mit durchaus detektivischen und kriminalistischen Fähigkeiten und Arbeitsmethoden. Der Historiker als Detektiv, die Wirklichkeit wie im Roman: Im Mordfall Königsmarck muss ein Name, der schon gefallen ist, wieder genannt werden – Georg Schnath. Sein Aufsatz *„Der Fall Königsmarck"*, erschienen im Jahre 1953 in den *„Hannoverschen Geschichtsblättern"*, stellt gleichsam von heute her die *„auflösende Rückwendung"*, das letzte Wort des Historikers als Detektiv im bis dahin immer noch ungeklärten Kriminalfall Königsmarck dar. Und es lautet, inhaltlich kurz zusammengefasst, etwa so:

Als sich am Abend des 11. Juli 1694 eine einsame Gestalt dem Leine-Schloss in Hannover näherte, leicht bekleidet mit einem weißen Carmisol, schlichter grauer Sommerhose von Leinewand und einem braunen Regenrock, wurde sie in den Räumen des

Schlosses schon erwartet, und zwar von vier bewaffneten Männern. Dass der Graf Königsmarck zu dieser Zeit – die Schlossuhr hatte eben zehn geschlagen, und es dunkelte – so leger gekleidet, ohne Degen, nach damaliger Sitte weder hofmäßig noch militärisch, ins Schloss strebte, hatte seinen Grund: eine Verabredung mit der verheirateten Kurprinzessin Sophie Dorothea, mit der er ein Verhältnis hatte und deren Ehemann sich auswärts auf einer Reise befand. Diese Verabredung war heimlich vereinbart und überbracht worden durch ins Geheimnis eingeweihte Dienstboten und Zuträger; sie war allerdings nicht so geheim geblieben, wie die Beteiligten gern wollten und offenbar glaubten, sondern sie war in das Wissen und in die Hände einer Hofpartei gelangt, die schon länger von diesem Liebesverhältnis etwas ahnte oder wusste und es zu beendigen wünschte aus den verschiedensten Gründen: Eifersucht, Hass, Rache, Furcht vor Schande und Entehrung des Hauses Hannover.

Die vier bewaffneten Männer trugen die Namen von Klencke, von Eltz, von Stubenvol und Montalban; sie waren sämtlich Hofkavaliere und wollten dem heimlichen Liebhaber im Auftrag dieser Hofpartei einen *„Denkzettel“* verpassen, der ihm die Lust an solchen Abenteuern ein für allemal nehmen sollte: Sie wollten ihn gewaltsam an diesem Zusammentreffen mit der Prinzessin hindern und von weiteren abhalten. Im Schloss oder im Schlosshof, noch bevor Königsmarck die Gemächer der Prinzessin erreichte, stellten sie ihn. Es kam zum Handgemenge. Königsmarck widersetzte sich seiner Gefangennahme und wehrte sich heftig, er wollte sich losreißen, da stach Montalban, ein Italiener, zu und versetzte dem Grafen eine lebensgefährliche Wunde. Der Graf musste die Gegenwehr einstellen, man schleppte den sterbenden Schwerverwundeten in ein Nebengemach, einen *„heimlichen Ort"*, wo er seinen Verletzungen erlag. Den Leichnam versenkte man, mit Steinen beschwert, in die nahe Leine – ob noch in derselben Nacht oder erst Tage später, ist nicht mit Bestimmtheit zu sagen, wie überhaupt der zeitliche Abstand von der Verletzung bis zum eintretenden Tode unklar und unsicher ist: Es mag sein, dass Königsmarck auf der Stelle tot war oder dass er noch Stunden oder auch Tage gelebt hat und in dem heimlichen Gemach oder an einem anderen Ort gefangen gehalten wurde.

Das Ganze geschah mit Wissen und Billigung allerhöchster Stellen, das heißt: des Kurfürsten und des Kurprinzen; ob auch auf deren Anordnung ist nicht mit Sicherheit zu sagen. Ebenso ist nicht zu sagen, ob man Königsmarck wirklich töten wollte. Wahrscheinlicher ist, dass die tödliche Verletzung nicht eingeplant war.

Entscheidend beteiligt an der Planung und Organisation der Unternehmung war, was die Auffassung der Nächstbeteiligten, der Kurprinzessin und ihrer „Confidente" von dem Knesebeck, bestätigt, die Gräfin Platen. Die Kurprinzessin Sophie Dorothea selbst war nicht Zeugin des Anschlags auf ihren Geliebten, sie erfuhr erst später davon, wann genau, ist unsicher.

Unmittelbar nach der Tat vereinbarten alle Beteiligten und Mitwisser tiefstes und immerwährendes Stillschweigen über das Vorgefallene.

So die Ergebnisse des Historikers Schnath, ermittelt in der Mitte des 20. Jahrhunderts. Tathergang, Tatmotiv und die Frage nach dem oder den Tätern wären somit geklärt. Wie kam Schnath nun zu diesen Ergebnissen, und sind sie auch haltbar?

Schnath sichtete zuerst einmal alle erreichbaren zeitgenössischen Quellen über Königsmarcks Tod oder Verschwinden, was ja ein Ereignis war, das die damalige öffentliche Meinung in ganz Europa beschäftigte. Über einhundert solche schriftliche Quellen konnte er in Archiven und Bibliotheken in Berlin, Dresden, Hannover, Kopenhagen, London, Paris, Stockholm, Wien und Wolfenbüttel einsehen. Dabei ergab sich: Alle, selbst die obskursten und unglaubwürdigsten, hatten einen gemeinsamen Kern, ein quasi durchgehendes Leitmotiv über den Grund für das plötzliche Verschwinden des Grafen: Er wurde in oder neben dem Leine-Schloss von vier Männern überfallen, tödlich verletzt und in ein *„heimliches Gemach"* geworfen.

Um diesen Kern herum gliederte Schnath dann sein Material in sieben Kreise, um so die Wahrheit weiter einzuengen. Späte und unglaubwürdige Berichte schied er aus, auch die, die offensichtlich auf Nachrichten aus dritter oder vierter Hand basierten. Alle Nachrichten von der hannoverschen Regierung und ihr nahestehenden Kreisen wurden als das eingeordnet, was sie sind: parteiisch. Das Gleiche geschah mit dem, was die Angehörigen Königsmarcks als Gegenpartei zu wissen glaubten oder verbreiteten. Jedes in Hannover umlaufende überlieferte Gerücht wurde so auf Glaubwürdigkeit und Herkunft geprüft. Schlussendlich und zuletzt sah sich Schnath die Berichte der Diplomaten an. Und diese, die im Gegensatz zu allen anderen Äußerungen nicht so sehr von eigenen Interessen und Parteinahmen geprägt waren, erwiesen sich bei der Spurensuche als ungemein hilfreich und entscheidend ergiebig.

Fast alle Gesandten und Kabinette in Europa haben sich, wie schon gesagt, mit dem Skandal in Hannover befasst, meist allerdings wussten sie davon nur vom Hörensagen und durch Aussagen Dritter. In Hannover selbst gab es keine Gesandtschaftsvertretungen, aber an den benachbarten und verwandten Welfenhöfen in Celle und Wolfenbüttel. In Celle saß ein Vertreter Englands, in Wolfenbüttel der Geschäftsträger des dänischen Hofes, weil Hannover mit Dänemark in einem politischen Spannungsverhältnis stand: Dänemark weigerte sich außerdem, wie ebenso Wolfenbüttel, die neue hannoversche Kurwürde anzuerkennen. Der dänische Geschäftsträger in Wolfenbüttel, Otto Mencken mit Namen, besaß zudem das besondere Vertrauen des Wolfenbütteler Herzogs Anton Ulrich, eines gegen Hannover kritisch und feindlich gesinnten Angehörigen des Welfenhauses.

Beide Auslandsvertreter an den Welfenhöfen waren von allen zeitgenössischen Quellen am nächsten und sozusagen am unmittelbarsten *„dran"* an den Ereignissen, sie können deshalb als Primärquellen gelten, und beide Auslandsvertreter, sowohl der englische wie der dänische, äußerten schon unmittelbar nach dem Mordfall einen Verdacht: es seien *„die Italiener"* am hannoverschen Hofe, die Königsmarck beiseite geschafft hätten. Kurz danach nannte Mencken sogar auch schon einen Namen: Montalban. Dann, vierzehn Tage später, noch einmal: Montalban sei es, der Königsmarck verwundet habe. Und Ende August 1694, gut einen Monat nach dem Anschlag, sehr präzise ein neuerlicher Bericht nach Kopenhagen: Königsmarck sei von vier Kavalieren des Hofes *„fertig gemacht"* worden, und zwar namentlich von Klencke, Eltz, Stubenvol und Montalban. Der letztere habe den tödlichen Streich geführt. Die Leiche habe man, mit Steinen beschwert, in der nahe vorbeifließenden Leine verschwinden lassen.

Das sind zum ersten und einzigen Mal bestimmte und deutliche Angaben, die sich in dänischen Archiven erhalten haben: Vier Hofkavaliere waren also demnach die Täter, Hofkavaliere, die Königsmarck sehr gut kannten, die auch er gut kannte und die sämtlich in seinem Liebesbriefwechsel mit der Prinzessin vorkommen und mehrmals erwähnt werden.

Man kann also davon ausgehen, dass diese Hofkavaliere von seiner Affaire mit der Kurprinzessin wussten. Sie wollten Königsmarck sozusagen in flagranti erwischen und haben es auch getan. Auf dem heimlichen Wege zur Prinzessin lauerten sie ihm auf und stellten ihn. Dabei ist davon auszugehen, dass sie nicht nur in ihrem eigenen Interesse handelten, sondern im Auftrag des Hofes. Wer aber war in diesem Falle *„der Hof“*?

Mencken nennt hier die Gräfin Platen, die gleiche, die auch die Prinzessin und die „Confidente“ von dem Knesebeck schon für die Anstifterin und Auftraggeberin des Komplotts hielten. Was hatte aber die Platen für ein Motiv?

Die Platen, über die man als Person sonst wenig weiß, war de iure die Ehefrau eines hohen hannoverschen Ministers, des Grafen Platen, de facto die Mätresse des Kurfürsten Ernst August. Außerdem war – das wissen wir aus dem Liebesbriefwechsel – Sophie Dorothea eifersüchtig auf sie. Das heißt: Zwischen Königsmarck und der Gräfin Platen muss sich vor der *„affaire serjos“* mit der Kurprinzessin etwas abgespielt haben, was diese Eifersucht erregen konnte und dessen Wiederholung oder Folge die Prinzessin offenbar fürchtete: ein wieder aufflammendes Liebesabenteuer oder -verhältnis oder ein Racheakt für verschmähte Liebe, sei es die eigene der Gräfin oder die ihrer Tochter, die zeitweise als Heiratskandidatin für Königsmarck im Gespräch war. Beides mag als Motiv im Spiel gewesen sein, als sicher kann man aber annehmen, dass die Gräfin Platen bei ihrem Vorgehen gegen Königsmarck und dessen Liebesverhältnis die Rückendeckung oder mindestens die Billigung ihres Kurfürsten hatte. Denn einmal war es schließlich sein Sohn und Thronfolger, der hier betrogen wurde, auch wenn der schon seit langem mit einer Mätresse liiert und durch gemeinsame Kinder verbunden war, zum anderen standen dadurch die Erbansprüche seines Hauses auf dem Spiel, ganz abgesehen von der Ehre und Reputation nach außen. Möglich ist auch, dass umgekehrt die Gräfin Platen nur ein williges und gehorsames Werkzeug in der Regie des Kurfürsten war, dass ihm die Rolle des eigentlichen Initiators zufiel. Bei der Gräfin Platen wären dann wohl die eigenen Emotionen nur zu gern den kurfürstlichen Intentionen entgegengekommen.

Jedenfalls stand hinter den Hofkavalieren und der Platen noch eine größere, sehr einflussreiche Hofmacht, die der aus der Reihe tanzenden jungen Ehefrau des Kurprinzen und ihrem stolzen, auch für andere Damen durchaus begehrenswerten Galan nicht wohl gesonnen war. Eine Hofintrige, von langer Hand eingefädelt und geplant, in der neben der hannoverschen Hauspolitik auch ältere und sehr tiefsitzende persönliche Feindschaften zum Austrag kamen.

So überrascht es nach der Lektüre des Liebesbriefwechsels zwischen Königsmarck und der Prinzessin nicht, Johann Christoph von Stubenvol unter den Tätern zu finden. Stubenvol war 1685 Kammerjunker in Hannover geworden und dem damaligen Herzog, später Kurfürsten, dadurch verbunden, dass er eine Italienerin mit dem sprechenden Namen Laura die Montecalvo geheiratet hatte. Diese war nämlich nichts anderes als eine Hinterlassenschaft des Herzogs von einer Italienreise, eine natürliche Tochter mit dem ins Italienische übersetzten Namen Calenberg, den auch der Herzog im Titel führte. Königsmarck, so geht aus dem Liebesbriefwechsel mit der Prinzessin hervor, war dieser Stubenvol seit je äußerst unsympathisch, er hielt ihn für einen notorischen Lügner und Aufschneider und ließ ihn wie überhaupt die ganze Italienerclique am Hofe, mit der Stubevol versippt war, diese Verachtung auch deutlich spüren. So hatte Stubenvol der Prinzessin, wie sie schreibt, einmal ein Diner, das Königsmarck gab und zu dem sie nicht geladen sein konnte, in ganz überschwänglicher und übertriebener Weise gelobt. *„Böte man diesem Lügner"*, schrieb Königsmarck ihr ärgerlich zurück, *„das gleiche in einem Schweinestall, so würde er den schönsten Blumengarten Italiens daraus machen."* Außerdem habe diese Kreatur allein sechs Rebhühner und eine ganze Flasche Kirschwein vertilgt – die Herren waren sich offenbar seit langem nicht grün und konnten einander nicht ausstehen.

Ob das auch bei von Klencke und von Eltz der Fall war, ist nicht bekannt. Eher ist anzunehmen, dass diese sich aus Pflicht und Überzeugung für das kurfürstliche Haus Hannover dem Komplott gegen den Ehebrecher Königsmarck anschlossen. Vielleicht geschah es auch gezwungenermaßen, weil sie einem Befehl oder nachdrücklichen Wunsch von oben nachzukommen hatten. Eltz stand zudem dem Kurprinzen sehr nahe als Hofmeister seines Sohnes. Beide galten als Ehrenmänner und stiegen später zu hohen Staatsämtern auf, in denen sie sich nichts zu Schulden kommen ließen.

Der vierte im Bunde, der eigentliche Haupttäter, der den Todesstoß ausführte, war dagegen ein Mitglied der von Königsmarck so gehassten und verachteten Italienerclique und ein recht dunkler Ehrenmann. Er gehörte einer Familie aus dem Venezianischen an, in der Gegend von Treviso beheimatet, aus der mehrere Mitglieder – nicht weniger als acht gegen Ende des 17. Jahrhunderts – sich in Hannover aufhielten. Sie waren am Hofe mit unterschiedlichen Funktionen und Aufgaben betraut als Reisebegleiter, Musiker, Theaterleiter, Schauspieler, Pagen oder auch mit kleineren diplomatischen Missionen. Bei dem Täter handelte es sich um Don Nicoló di Montalbano, einen Mann von geistlichem Stand, von dem er aber niemals Gebrauch gemacht hatte. Stattdessen war er schon früh durch eine recht lockere Lebensführung aufgefallen, durch üble Weiber- und Schuldengeschichten, aber auch durch Charme und vielseitige Begabungen, durch die er sich der Hofgesellschaft in Hannover immer wieder unentbehrlich gemacht hatte. Musisch äußerst begabt, schrieb er Opernlibretti, beaufsichtigte und kontrollierte barocke Bauvorhaben, war Reisebegleiter der Herzogin, kurz: eine Art Sachverständiger für die Bereiche Musik, Literatur und Architektur am Hofe, dazu ein glänzender Unterhalter, was ihm mit vielen Freiheiten und Vergünstigungen gedankt wurde. Königsmarck hasste und verachtete aus tiefster Seele, wie im Briefwechsel nachzulesen, Montalban wie überhaupt diese ganze Bande von Italienern hier am Hofe in Hannover, *„schwarze Männer mit Tigerherzen“*, nach seinen Aussagen allesamt Betrüger und Verführer, Aufschneider, Schwätzer und Schmeichler, dabei kaltblütig, berechnend, eitel und brutal.

Von eben diesem Montalban, der ihm den Todesstoß versetzen sollte, erzählte er der Prinzessin Sophie Dorothea brieflich eine *„tolle Geschichte"*. Die Kurfürstin von Brandenburg, zu Besuch am Hofe von Hannover, habe sich über Montalbans augenscheinlich ausgestopfte Waden mokiert, worauf dieser tags darauf sein Bein vor der Kurfürstin auf ein Tischchen setzte mit den Worten: *„Alle, die Ihnen das erzählt haben, sind Lügner."* Die Hofdame von Krosigk, die dieser höfischen Ungezogenheit wehren wollte, bekam dabei von Montalban einen Nasenstüber versetzt, dass sie blutete. Die Kurfürstin bestand sofort und vehement darauf, diesen Frechling des Hofes zu verweisen. Durch seine Freunde aber wurde dann die Sache ohne Folgen aus der Welt geschafft. – Typischer Hofklatsch! Aber dessen Erwähnung im Liebesbriefwechsel zeigt zumindest, dass Königsmarck und Montalban sehr gegensätzliche Auffassungen und Positionen im Parteien- und Intrigenspiel um die Gunst bei Hofe einnahmen und vertraten. Die Italiener verdankten ihre Stellung der höfischen Vorliebe für alles Ausländische, beliebt bei den einheimischen Hofleuten oder gar beim Militär, wie Königsmarck es vertrat, machten sie sich und waren sie nicht.

Reichen aber solche Motive, wie die bislang angeführten, letztlich Animositäten und Antipathien innerhalb der Hofgesellschaft, dazu aus, um als Mordmotive gelten zu können? Wohl kaum. Und bleibt angesichts dessen nicht Menckens Nennung der Täternamen eine bloße, unbewiesene Behauptung, subjektiv, willkürlich und aus der Luft gegriffen?

Sie würde das sein, gäbe es nicht tatsächlich ein Beweisstück, das zumindest den Haupttäter entschieden belastet. Es war wiederum Schnath, der so glücklich war, es nach planmäßiger archivarischer Suche entdeckt zu haben. Und so konnte er die endgültige detektivische Aufklärung des Falles Königsmarck mit einem Indizienbeweis zu Ende führen.

Der mit bescheidenen 200 Talern jährlich besoldete und ständig verschuldete Montalban, dessen Einkünfte insgesamt seit 1690 schon zu Gunsten seines Hauptgläubigers, des Hofjuden Lefman Behrens – derselbe, bei dem auch Königsmarck hoch in der Kreide stand – gepfändet waren, trat plötzlich gegen Ende des Jahres 1694 als potenter Geldgeber auf. Er gab der hannoverschen Kammer zwei für seine Verhältnisse unglaublich hohe Darlehen von 5000 und 10000 Talern, das heißt: das Fünfundzwanzigfache seines sonstigen Jahreseinkommens. Die Frage drängt sich auf: Woher hatte Montalban auf einmal dieses Geld? Solche Darlehen an den Staat waren zwar üblich in einer Zeit, bevor es Sparkassen gab, sie waren eine Art von Staatsanleihen – aber gleich so viel Geld? Das Doppelte und Vierfache des Jahresgehaltes des Premierministers von Platen, des höchstbezahlten Beamten in Hannover? Die Belege dafür, das heißt: die Eintragungen in der Kammerrechnung von 1694, die zu den größten Kammereinlagen dieser Jahre überhaupt gehören, sind sorgsam archiviert worden. Nochmals: Wie kam dieser hoch verschuldete, seit Jahren in Deutschland sich kümmerlich durchschlagende Italiener plötzlich an so viel Geld? –

Da keine Unterlagen über eine unverhoffte Erbschaft vorliegen, die zudem wohl in Italien angefallen und dort angelegt worden wäre, bleibt als einzig möglicher Schluss: Es handelt sich um Belohnungs-, eventuell auch Schweigegelder des hannoverschen Hofes, die man Montalban aus nachvollziehbaren Gründen nicht bar auf die Hand auszahlen wollte und konnte. Man wählte den Umweg über eine Darlehensgabe als Geldtransfer, weil der Staat als der letztliche Geldgeber so weiterhin die Möglichkeit besaß, das Kapital oder Teile davon sowie die anfallenden Zinsen nach seinem Ermessen zuzuteilen und auszuzahlen, ja eventuell die Zahlungen auch ganz zu stoppen. So etwas war sicher für den Fall vorgesehen, falls Montalban über seine Tat, die hier belohnt wurde, und über die daran Beteiligten *„plaudern"* sollte. Also handelte es sich sehr wahrscheinlich auch um ein raffiniert transferiertes und angelegtes Schweigegeld.

Damit ist die Beweisführung, dass Königsmarck mit Wissen und gleichsam dankbarer Billigung des hannoverschen Hofes beseitigt wurde, mit einem entscheidenden Indiz abgeschlossen. Offen nur die Frage, ob es Mord oder Totschlag war: Denn der gewaltsame Tod des Opfers muss nicht beabsichtigt und eingeplant gewesen sein. Er war vielleicht – und vieles spricht dafür – nur ein Ungeschick, ein Unglück, ein unvorhergesehener *„Unfall"* im Tatablauf. Aber dieser Tod wurde auf der Seite der Täter billigend in Kauf genommen: Niemand nahm Anstoß an dem, was geschehen war, solange es nur im Verborgenen blieb und nicht publik wurde.

Und das ist das Erstaunlichste von allem am Fall Königsmarck: Alle Mittäter und Mitwisser haben *„dicht gehalten"*, zeit ihres Lebens. Nichts ist aus der Hofwelt jemals nach außen gedrungen, über Jahrzehnte und über Jahrhunderte nicht.

Die Prinzessin von Ahlden, ein Schloss an der Aller, weitab, am Rande der Lüneburger Heide, ein Frauenschicksal aus der Welt des barocken Hofes, Vergangenes und Vergessenes, dreihundert Jahre her, ergreifend und wieder erzählbar gemacht, lückenhaft nur, fragmentarisch und punktuell aus einzelnen verstreuten Teilen und zufällig erhaltenen Dokumenten mit leeren Fugen zusammengesetzt, mit weißen Stellen aneinandergereiht – was soll's und was bleibt am Ende: ein Schatten, eine Kontur, ein Umriss? Ein Zeichen vielleicht, ein erkennbares Muster ...

Zuerst einmal die Geschichte einer Freiheitsberaubung, einer ungeheuren Menschenrechtsverletzung. Was die allein aus politischen und dynastischen Gründen verheiratete Sophie Dorothea wollte und woran sie in der höfischen Gesellschaft des Barocks scheiterte, war nichts anderes als die Selbstverwirklichung in einer frei gewählten Liebe: Sie nahm sich das Recht auf die Liebe eines Ichs zum Du. Zweiunddreißig Jahre Haft und Freiheitsentzug für eine Ehefrau, die somit nur dasselbe tat wie ihr Ehemann: wie dieser eine andere, so liebte sie einen anderen. Doch es war nicht dasselbe – er war ein Mann, sie eine Frau: Freispruch contra lebenslänglich.

Das scheint Fakt und Fazit und ist ein Urteil von heute her, ein berechtigtes wohl, aber doch möglicherweise auch ein vorschnelles, ein zu leichtes und fragwürdiges. Andere Zeiten haben anderes gemeint und anders geurteilt und, wie jede Zeit glaubte, auch mit Recht. Das eine ist das, was die Prinzessin von

Ahlden tat und was ihr angetan wurde, ein anderes ist Urteil und Meinung darüber.

Für die Zeit- und Standesgenossin Liselotte von der Pfalz stand Schuld und Ursache fest: Dieses Frauenschicksal war ein Ergebnis falscher Erziehung. Unerzogen durch eine nicht-standesgemäße Mutter hatte Sophie Dorothea, kokett und eitel, unbeherrscht, naiv und leichtfertig, die Gebote und Normen ihres höfischen Standes verletzt, der ihr Privilegien gewährte, aber auch mit Recht, so die Meinung der Liselotte, selber ein weibliches Mitglied der Hofgesellschaft, von der Frau besondere Beschränkungen, Grenzen und Pflichten einforderte. *„Wie kan die Hertzogin von Zelle glauben, daß ihre dochter nicht unglücklich werden würde mitt solchen maximen wie sie sie erzogen hatt."* Denn nach ihnen *„könte ... niemand sicher sein, daß die kinder im hauß, die rechten erben wehren"*.

Für den Bruch dieser Spielregeln für die und durch die Frau konnte es in der höfischen Gesellschaft, die ihre Macht und Herrschaft wesentlich aus Geburt und Erbfolge herleitete und legitimierte, keinen Freispruch geben, sondern nur standesmoralisch berechtigte Bestrafung, über deren Höhe und Dauer man allerdings verhandeln konnte. Den Konflikt zwischen Pflicht und Neigung, zwischen allgemeinem Gesetz und individuellem Gefühl hatte Sophie Dorothea zu einseitig, zu egoistisch und schuldhaft-rücksichtslos für sich als Individuum entschieden.

Verständlich und konsequent, dass der Fall der Prinzessin von Ahlden, ihr Schicksal und dieser Konflikt, schon bald und später noch zum literarischen

Stoff wurde, zur Vorlage für zahlreiche triviale, aber auch hoch literarische Bearbeitungen: Sophie Dorothea als tragische Heldin. Es war kein Geringerer als Friedrich Schiller, der knapp achtzig Jahre nach ihrem Tod, in seinem vorletzten Lebensjahr, ein Drama über die *„Prinzessin von Zelle"* plante. *„Aus diesem Stoff kann eine Tragödie werden"*, notierte er sich, *„wenn der Charakter der Prinzeßin vollkommen rein erhalten (wird) und kein Liebesverständnis zwischen ihr und Königsmarck stattfindet."*

Schiller kannte im Jahre 1804 Wirklichkeit und Wahrheit des Liebesbriefwechsels natürlich noch nicht; der Tragödienschreiber zur Zeit des Idealismus hätte diese aber auch nicht brauchen können. Er beurteilte Vorlage und Stoff anders: von Schuldzuweisung an die Hauptperson keine Spur. Er sah nur das Tragische. Königsmarck, so seine Meinung, liebte die Prinzessin zwar, war aber ihrer *„nicht werth"*. Sie setzte sich *„dem schwersten Verdacht mit ihm"* aus, allerdings *„in größter Unschuld"*. So fiel *„der unwiderleglichste Anschein von Schuld auf sie"*. Der tragische Ausgang schließlich, *„wo Unglück und Größe vereinigt sind": „Die höchste Verlassenheit der Prinzessin, die nun nichts mehr hat als das Bewußtseyn ihrer Unschuld und die Würde der Tugend."*

Der Dramatiker der deutschen Klassik wollte keine realistisch-wahre Geschichte der Prinzessin von Ahlden schreiben. Trotzdem oder deswegen decken sich seine Auffassung des Stoffes und sein Urteil darüber auffallend mit der offiziellen Geschichtsschreibung des bürgerlich-bigotten späteren 19. Jahrhunderts, repräsentativ dafür der Aufsatz von Adolf Köcher in der „Historischen Zeitschrift" von 1882. Eine Prinzessin und ein außereheliches Abenteuer – das passte nicht zusammen, das konnte und das durfte es nicht geben. Der Liebesbriefwechsel hatte darum eine *„freche"* und *„plumpe"* Fälschung zu sein, Sophie Dorothea wurde zur unglücklichen und verachteten Prinzessin an einem stolzen Hofe, die ohne eigenes Verschulden hinterhältig in eine Verbindung mit dem *„Wüstling"* Königsmarck verwickelt und vom Hofe verbannt wurde. So war die Tugend und Moral der Prinzessin jetzt bürgerlich-doppelmoralisch gerettet: Freispruch auf Kosten einer Realität, die man nicht sehen wollte und darum verleugnete.

Der Erste, der nach dem Nachweis der Echtheit des Liebesbriefwechsels und der Schuld der Prinzessin Stoff und Thema literarisch wieder aufgriff, war der Nachkriegsautor Arno Schmidt. Sein Roman mit dem Titel *„Das steinerne Herz"* und dem Untertitel *„Historischer Roman aus dem Jahre 1954"* spielt, aus realistisch-photographischen Zeit- und Momentaufnahmen aufgebaut, in eben diesem Jahr im Städtchen Ahlden, und darin fällt der Ich-Erzähler mit dem Wissen um die Forschungen Schnaths ein neues und sehr anderes Urteil über die Prinzessin: Freispruch gerade wegen solcher *„Schuld"*.

„Wie sich da eine feurige, einem ungeliebten hölzernen (dabei durchaus debauchierten!) Kurfürstengatten aus Gründen hannoverscher Staatsräson verkuppelte Halbfranzösin auch einmal eine Art Erfüllung suchte. (…) Waren also konsequenterweise über Sophie Dorothea auf das Thema ‚Gleichberechtigung' gekommen. (…)" <u>*Sie*</u> *hatte man da-*

mals noch einsperren dürfen: während ihr Mann 'as doch viel toller getrieben hat!' Und Line nickte drohend (...): die verbündeten Frauen! (Aber das war wieder ein neuer, ebenfalls durchaus vertretbarer Aspekt: die Prinzessin als Märtyrerin für die sexuelle Gleichberechtigung der Frau.“

Und dem folgt, inspiriert vom Schicksal der Prinzessin von Ahlden, eine Utopie mit neuen, nicht-ehelichen und gleichberechtigten Formen des Zusammenlebens der Geschlechter jenseits der offiziell herschenden Moral.

Andere Zeiten, andere Sitten, andere Meinungen: Was damals, vor fünfzig Jahren, als Utopie erschien, ist heute längst vielfach gelebte Gegenwart, der Schuldspruch bei Ehescheidung und Ehebruch schon ferne Vergangenheit, und auch für die Zukunft wird gelten: Andere Zeiten urteilen anders und, wie jede von sich glaubt, mit Recht.

Sophie Dorothea, die Prinzessin von Ahlden, also die tragisch Liebende? – die Sünderin? – die Leidende? – die Verworfene? – die gemarterte Tugend? – die Unerzogene? – die Naive, die blind ihr Schicksal heraufbeschwor? – die Schuldige oder die zu Unrecht Verfolgte? – die ewig Unterdrückte? – die früh und unzeitig Emanzipierte? – die Märtyrerin? – die sich selbst Verwirklichende? – ein verfehltes Leben, das Mitleid, Verständnis oder Empörung erregt? Was war es nun, was soll's und wer hat Recht?

Dreihundert Jahre her: Vergangenes und Vergessenes? –

Eine Geschichte wie diese ist niemals eine nur vergangene. Sie fordert immer wieder zu einem Urteil heraus. Jedes Urteil über sie jedoch sagt wenig über das, was war, sehr viel aber über den Urteilenden und seine Zeit. Und das ist das wirklich Bleibende an ihr, das Ergreifende und das einzig Lehrreiche.

Quellen und benutzte Literatur

Köcher, Adolf: Die Prinzessin von Ahlden. In: Historische Zeitschrift, hrsg. v. Sybel, Bd. 48 (1882), S. 1–44 und 193–235.

Der *Königsmarck-Briefwechsel*: Korrespondenz der Prinzessin Sophie Dorothea von Hannover mit dem Grafen Philipp Christoph Königsmarck 1690 bis 1694. Kritische Gesamtausgabe in Regestenform, bearbeitet von Georg Schnath, Hildesheim 1952 (Quellen und Darstellungen zur Geschichte Niedersachsens Bd. 51).

Krauss-Meyl, Sylvia: „Die berühmteste Frau zweier Jahrhunderte" (Maria Aurora von Königsmarck), Regensburg 2002.

Liselotte von der Pfalz, Elisabeth, Charlotte, Duchesse d'Orléans: Briefe. Hrsg. v. Annedore Haberl, München 1996.

Morand, Paul: Sophie Dorothea von Celle: die Geschichte eines Lebens und einer Liebe. Aus dem Franz. v. Peter Mortzfeld, Hamburg 1970.

Schiller, Friedrich: Die Prinzessin von Zelle. In: Schillers Werke, Nationalausgabe, Bd. 12, Dramatische Fragmente, hrsg. v. Herbert Kraft, Weimar 1982, S. 331 ff.

Schmidt, Arno: Das steinerne Herz. Historischer Roman aus dem Jahre 1954, Frankfurt a.M. und Hamburg 1967 (Fischer Bücherei 802).

Schnath, Georg: Der Königsmarckbriefwechsel – eine Fälschung? In: Niedersächsisches Jahrbuch für Landesgeschichte, Bd. 7 (1930), S. 135 ff.

Schnath, Georg: Der Fall Königsmarck. In: Hannoversche Geschichtsblätter, NF 6 (1953), S. 277 ff.

Schnath, Georg: Eleonore von dem Knesebeck, die Gefangene von Scharzfeld. In: Niedersächsisches Jahrbuch für Landesgeschichte, Bd. 27 (1955), S. 149 ff.

Schnath, Georg: Die Prinzessin in Ahlden. Sophie Dorotheas Gefangenschaft 1694–1726. In: Ders.: Ausgewählte Beiträge, Göttingen 1968, S. 166 ff.

Westernhagen, Dörte von: „Mein Unterganck ist mir gar wol bewust ..." Ein gelebter Roman: Die wunderbare Geschichte von Sophie Dorothea und dem Grafen Königsmarck. In: DIE ZEIT, Nr. 8 (17.2.1989), S. 49 f.

Verzeichnis der Abbildungen